꿰뚫는 기후의 역사

꿰뚫는 기후의 역사

1만 1700년 기후 변화의
방대한 역사를 단숨에 꿰뚫다

프란츠 마우엘스하겐 지음 | 김태수 옮김

Geschichte des Klimas

빅퀘스천

한국의
독자 분들께

《꿰뚫는 기후의 역사GESCHICHTE DES KLIMAS》를 한국에서 출간
하게 되어 기쁘게 생각합니다. 저는 인류가 초래한 기후 변
화와 그것이 오늘날 및 가까운 미래에 직면할 막대한 도전,
즉 기후 위기를 이해하려면, 이를 역사적 맥락에서 바라보
는 것이 중요하다고 확신합니다. 따라서 이 책이 한국에서
많은 독자 분들께 읽히기를 바랍니다.

예컨대 지난 1만 1700년 동안의 기후사, 즉 우리가 현
재 살고 있는 간빙기인 홀로세를 살펴보면, 20세기부터 명
확하게 드러나기 시작해 21세기에도 이어지고 있는 기온

상승이 간빙기의 자연스러운 기후 변화를 완전히 뒤집어놓았다는 사실을 알 수 있습니다. 유럽이 식민지를 확장해나간 역사를 살펴보면, 이미 산업화 이전에도 인간의 활동이 기후의 변화에 미치는 영향에 관한 최초의 논쟁이 있었음을 알게 됩니다. 이는 화석 연료의 대규모 연소가 오늘날의 기온 상승을 초래하기 훨씬 이전의 일입니다.

최근 몇 년간의 학문적 발견 중 가장 흥미로운 것은 17세기와 18세기의 이른바 '농업적 가속화'입니다. 이는 토지 이용의 확대와 집약화를 의미하며 대기의 조성과 온실효과에도 영향을 미쳤습니다. 농업적 가속화는 결코 유럽과 아메리카에 국한된 현상이 아니었습니다. 중국과 한국뿐 아니라 남아시아와 동남아시아에도 큰 영향을 끼쳤습니다. 물론 당시 인류의 농업 활동이 기후에 끼친 영향은 오늘날 우리가 만들어내는 배출량에 비교했을 때 훨씬 적습니다. 그러나 인류에 의한 기후 변화에 농업적 기원이 있다는 사실은 기후의 역사를 바라보는 우리의 시각을 바꾸어놓았습니다.

한국을 포함하여 오늘날 민주적으로 번영하고 있는 모든 국가는 화석 에너지 체제에 기반하여 경제적 번영을 이루었다는 공통점을 가지고 있습니다. 이에 따라 이들 국가에는 두 가지 중요한 책임이 있습니다. 첫 번째는 온실가스 배출을 줄임으로써 기후 변화를 억제해야 할 책임입니다. 두 번째는 이미 전 세계적으로 나타나고 있는 기후 변화의 결과에 대한 책임입니다.

이 책의 5장에서 집중적으로 다루고 있는 20세기 기후 변화의 역사는 기후가 전문적인 과학의 문제에서 보편적인 정치적 문제로 발전해나간 긴 과정을 추적합니다. 1992년 기후 변화에 관한 유엔 기본 협약(약칭, 유엔 기후 변화 협약)을 기반으로 꾸준히 진행돼온 기후 협상은 현재까지도 명확한 해결책을 이끌어내지 못했습니다. 저는 모든 경계를 넘어 우리가 인류 공동체라는 인식을 공유할 때 비로소 이 문제에 관한 해결책을 찾고 실행할 수 있을 것이라 확신합니다. 이는 독재자가 제국주의적 전쟁을 일으키고 정치적 반대자를 감옥에 가두는 세계에서는 불가능한 일입니다. 우리가 전 지구적 환경문제를 해결할 수 있을 것이라는 희망은 오로지 평화와 민주주의의 토대 위에서만 성립할 수 있습니다.

끝으로 이 책의 한국어판 출간을 가능하게 해주신 빅

퀘스천 출판사에 깊은 감사를 드립니다. 특히, 이 책을 훌륭하게 번역해주신 김태수 박사께 진심으로 감사의 말씀을 드립니다. 독일어 원서에는 포함되지 않은 인터뷰를 담을 수 있게 된 것도 그이 덕분입니다.

프란츠 마울스하겐,

빌레펠트 대학에서

기후 변화의
역사와
기후 위기에 관한
인터뷰

_ **인터뷰이**
프란츠 마울스하겐 교수(빌레펠트 대학)
_ **인터뷰어**
김태수 박사(파리의 독일역사연구소)

2024년 10월, 독일 빌레펠트대학교에서 《꿰뚫는 기후의 역사GESCHICHTE DES KLIMAS》의 저자인 프란츠 마울스하겐 교수를 만났습니다. 그리고 지난 1만 1700년 동안의 기후 변화의 역사와 오늘 우리가 당면한 기후 위기에 관해 한 시간 반 남짓 인터뷰를 진행했습니다.

1. 박사님의 책을 보면, '인류가 초래한 기후 변화'에서 '인류가 초래한anthropogen'이라는 개념이 핵심이라고 생각됩니다. 이 말의 의미에 대해 조금 더 설명해주실 수 있을까요?

기후 변화가 "인류에 의해 초래되었다", 혹은 "인위적이다"라는 말을 할 때에는 크게 두 가지 지점을 생각해보아야 합니다.

첫 번째는 비교적 최근의 기후 변화가 자연적으로 발생한 이전의 기후 변화에 비해 어느 정도나 압도적으로 '인류에 의해' 초래되었는지에 관한 부분입니다. 제가 이 책에서 설명한 대로 산업화 이전에도 인류에 의해 영향을 받은 기후 변화가 분명히 있었습니다. 그러나 산업화 이전의 시기에 대해서 '인류가 초래한 기후 변화'를 이야기하기에는 무리가 있습니다. 산업화 이후의 기후 변화와 비교했을 때 인류가 끼친 영향력이 훨씬 약했기 때문입니다. 산업화 이전까지는 화산 활동과 같은 자연의 영향에 의해 일어나는 기후 변화에 비하면 인간이 끼친 영향력이 미미했습니다. '인류가 초래한 기후 변화'의 시대라는 말은 자연적 변화에 대비했을 때 그 정도가 훨씬 강해졌을 때에야 비로소 쓸 수 있다고 생각합니다. 오늘날은 화산 활동과 같은 자연적 변화에 비해서 인류가 초래한 기후 변화의 정도가 훨씬 강합니다. 이 정도의 차이를 연구하고 판단하는 것이 학자들의 임무라고 할 수 있습니다.

'인류가 초래한 기후 변화'라는 개념을 사용할 때 또 하나 주의해야 할 점은 이 개념이 세계 여러 지역의 인류를 일괄적으로 지칭한다는 점입니다. 특히, 유럽의 여러 국가와 미국같이 일찍 산업화를 이룬 국가들과 그렇지 않은 국가의 시민들이 함께 묶인다는 점에서 이 개념은 논쟁거리가 될 수 있습니다. 일부 사람들은 사실은 인류가 초래한 기후 변화가 아니라 서양 사람들이 야기한 기후 변화이지 않느냐고 반문합니다. 여기에 재반박을 하는 사람들은 1인당 온실가스 배출량이 아니라 국가 전체의 배출량을 따지면 중국이 이미 다른 국가들을 초월했다고 지적하기도 합니다. 이런 일련의 논쟁은 기후 문제를 다룰 때 중요하게 생각해 볼 만한 지점입니다.

따라서 인류가 초래한 기후 변화, 혹은 인위적 기후 변화에 대해 이야기할 때는 이 개념 안에 첫 번째로 자연적 변화에 비해 인류가 초래한 변화의 정도가 훨씬 강하다는 의미가 포함되어 있다는 점을 염두에 두어야 하고, 두 번째로는 여러 문명의 사람들을 모두 포괄해서 인류로 묶는다는 점을 생각해야 합니다.

2. 기후 변화는 일부 전문가가 아니라 사회 전체가 힘을 합쳐야 겨우 해결할 수 있는 문제입니다. 그러나 많은 경우, 기후 변화로 인한 영향은 즉각적으로 느껴지지 않는 반면 기후 변화를 해결하기 위해 필요한 조치로 인한 부작용, 예컨대 물가 상승 등은 바로 와닿습니다. 이 점 때문에 인류가 궁극적으로 기후 변화를 해결할 수 있는지에 대해 회의적인 입장을 가지고 있는 사람들도 많습니다. 이에 대해 어떻게 생각하십니까?

한국을 포함한 많은 국가들이 기후 변화를 해결하기 위해 장기적인 대책을 추구하는 여러 협정이나 기구에 가입해 있습니다. 기후 변화는 그 속성상 단기적인 방법으로 해결할 수 없기 때문에 이러한 협정들 또한 장기적인 해결책을 추구합니다.

　그러나 동시에 기후 변화와는 별개로 우크라이나 전쟁과 같은 각종 지정학적 위기가 발생합니다. 이런 지정학적 위기는 전 세계에 영향을 미칩니다. 사람들과 각국 정부는 단기적으로 이러한 지정학적 위기를 해결하기 위해 골몰하게 되고, 그 과정에서 장기적인 해결책을 필요로 하는 기후 변화는 사람들의 관심에서 잊히게 됩니다. 이는 확실히 문제입니다.

　이런 지정학적 문제 외에 기반시설의 문제도 있는데, 제가 생각하기에는 이것이 훨씬 더 심각한 문제입니다. 기후 변화를 해결하기 위해서는 새로운 기술에 대한 투자와 지원이 필요합니다. 많은 경우, 이는 수십 년이 걸리는 일입니다. 사람들의 관심이 기후 변화에서 멀어지게 되면 기후 변화를 해결하기 위한 기반시설 투자 역시 감소합니다. 그렇게 되면 여러 국가들이 서명한 각종 협정은 종이로만 존재하게 됩니다. 이는 실제로 지난 수십 년간 벌어진 일입니다. 기반시설의 문제는 언제나 과소 평가되어왔습니다.

　그뿐 아니라 기후 변화와 그로 인한 위기를 해결하기 위한 노력은 한 국가의 내부에서도 여러 반발에 부딪힙니다. 예를 들어 독일에서는 2021년 총선 이후 녹색당이 연정에 참여했지만, 녹색당 소속의 장관이 기후 변화를 해결하기 위해 사우디아라비아를 방문해 여러 가지 의견을 조율하려고 하면 독일 내부의 진보 진영과 보수 진영 모두로부터 왜 민주주의 국가도 아닌 사우디아라비아와 협상을 하냐고 공격을 받았습니다. 그러나 독일이 기후 변화 대응을 위해 사우디아라비아와 협상하는 이유는 독일이 여전히 상당한 양의 화석 연료를 필요로 하는 국가이기 때문입니다. 또한 독일은 탄소중립 목표를 달성하기 위해 재생에너지를 확대하는 한편, 주요 산유국과의 협력을 통해 화석 연료 사용 감축을 유도하는 전략을 추진하고 있습니다.

이런 여러 문제 때문에 인류가 기후 변화를 해결할 수 있을 것이라는 낙관론을 유지하기 어려운 것은 사실입니다. 그럼에도 기후 변화와 그로 인한 위기를 해결하기 위해서 반드시 필요한 전제 조건을 꼽는다면, 평화와 인류의 공동체 의식입니다. 우리 모두가 지역과 인종, 문화적 차이에도 불구하고 기후 변화의 문제 앞에서는 궁극적으로는 운명 공동체입니다. 이런 의식이 있어야만 장기적인 해결책을 필요로 하는 기후 위기를 극복할 수 있습니다. 자기 민족만의 특수성을 강조하거나 '우리'와 '타자'의 차이만을 강조하는 태도로는 결코 기후 위기를 해결할 수 없습니다.

3. **최근 한국에서도 17세기 '소빙하기'가 많은 관심을 받았습니다. 이는 17세기 조선에서 기근과 같은 여러 위기가 있었고, 소빙하기 같은 개념이 이를 설명하는 매력적인 방법으로 보이기 때문입니다. 조선뿐만 아니라 지구 여러 지역에서 17세기에 각종 정치경제, 사회문화적 위기가 발생했기 때문에 일부에서는 소빙하기로 인한 '17세기의 전 지구적 위기'에 관해 이야기하기도 합니다. 이에 대해 어떻게 생각하시나요?**

'소빙하기'와 17세기 지구의 여러 지역에서 일어난 관계에 대한 논쟁은 이미 1970년대에 시작된, 비교적 오래된 것입니다. 저도 대학생 시절에 이 논쟁을 처음 접했을 때 큰 매력을 느꼈고, 심지어 이 주제를 계속해서 연구해야 할지 고민하기도 했습니다.

　　그러나 저는 연구를 계속해나가다 최근 들어 '17세기

의 전 지구적 위기'라는 개념에 대해 점점 회의적인 입장을 가지게 되었습니다. 특히, 17세기 여러 지역의 위기에 관해 기후가 끼친 결정적인 영향력에 대해서 회의적인 입장입니다. 제가 이런 입장을 밝히면 몇몇 영미권 학자들은 이를 반기지 않습니다. 이 개념이 영미권 학자들 사이에서 널리 받아들여졌기 때문입니다.

그런데 17세기에 전 지구적으로 위기가 있었다는 주장은 경제사학자들에 의해 대부분 반박이 된 상태입니다. 특히, 17세기의 전 지구적 위기로 큰 타격을 받았다고 생각된 나라들을 살펴보면, 실제로 경제적 위기는 크지 않았다는 사실을 확인할 수 있습니다.

이 논쟁은 처음에 17세기 유럽 지역에 대한 해석을 중심으로 시작되었고, 곧 아메리카 대륙, 그리고 여러 식민지 지역으로 확장되어나갔습니다. 학자들은 여러 식민지 지역, 예컨대 스페인의 식민지들을 연구함으로써 이 시기를 다르게 이해하기 시작했습니다. 스페인은 16세기부터 17세기까지 채무 불이행 선언을 비롯해 심각한 경제적 위기를 겪고 있었고, 많은 학자들이 이를 소빙하기와 연관된 위기로 해석했습니다.

그러나 이 시기 스페인 식민지들을 살펴보면 전혀 다른 관점을 갖게 됩니다. 17세기 스페인 식민지들은 이전에 비해 식민지 본국의 지배력에서 점점 벗어났고, 느슨해진 지배력을 자신들의 이익과 번영을 위해 이용했기 때문입니다. 반대로 식민지 모국인 스페인의 경우, 기후 요인뿐만 아니라 식민지와의 관계로 인한 위기가 중요한 역할을 했던 것입니다. 즉, 스페인과 스페인의 식민지들에서는 기후로 인한 '17세기의 위기'라는 개념을 적용하기 어렵습니다.

아시아 지역에서도 비슷한 현상을 관찰할 수 있습니다. 한국에 대해서는 제가 잘 모르지만, 중국과 인도에서도 유럽에서의 논쟁과 비슷한 양상으로 논의가 흘러갔으며 대부분의 경우 기후로 인해 위기가 발생했다는 주장은 반박되고 있습니다. 따라서 오늘날 소빙하기로 인한 17세기 전 지구적 위기에 대해 이야기하는 것은 다소 철 지난 것으로 보입니다. 이처럼 전 지구적으로 적용 가능한 개념을 사용하기보다는, 각 지역에서 발생한 정치적, 경제적, 사회적 상황을 그 지역 고유의 맥락에서 상세히 살펴보는 것이 더 적절하다고 생각합니다.

4. 다음은 기후 변화와 식문화에 관한 질문인데요. 최근 들어 채식주의자가 증가하고 있습니다. 일부 채식주의자들은 단순히 윤리적인 이유에서가 아니라 식문화가 기후에 끼치는 영향 때문에 채식을 선택하기도 합니다. 채식과 기후 변화의 관계에 대해 어떻게 생각하십니까?

우선 제가 채식주의자가 아니라는 점을 먼저 밝혀두어야 할 것 같습니다. 다만, 일정 시점 이후로는 살아가면서 육류 소비를 크게 줄였습니다. 청소년기와 비교했을 때 저는 육류를 아주 적게 소비합니다. 이러한 선택은 제 나름대로 건강을 생각한 결과이기도 하지만, 그보다는 기후와 환경을 생각해서 이루어진 것입니다.

저는 개인적으로 채식주의자로 살아가는 분들을 존중합니다. 그러나 인류라는 종에 속하는 우리가 육류 소비를 완전히 중단하기는 어렵다고 생각합니다. 물론 기후만을 생각한다면 급진적일수록 도움이 됩니다. 그러나 다른 한편으로는 전 지구적으로 육류 소비, 특히 소고기 소비를 중단하는 것이 아니라 줄이는 것만으로 큰 도움이 된다고 생각합니다.

이와는 달리 동물 보호의 측면에서 채식을 하는 사람들도 있습니다. 이는 윤리적인 면에서 당연히 일리가 있습니다. 그러나 모든 사람이 식사를 하는 데 있어서 채식을 하거나 윤리적으로 더 나은 환경에서 사육된 동물의 고기를 골라 섭취할 수 있을 만큼 경제적으로 풍요롭지는 않습니다. 그렇기 때문에 저는, 특히 정치적인 측면을 생각했을 때 지나친 급진성에 대해 경고하고 싶습니다. 저는 모든 종류의 급진성이 결국에는 막다른 골목에 도달하고 종국에는 함께하지 않는 사람들로부터 비난받기 쉽다고 생각합니다. 즉, "전 세계 모든 사람이 채식주의를 해야 한다"와 같은 급진적 주장은 기후 변화를 실질적으로 해결하는 데 있어—적어도 정치적인 면에서는—결코 도움이 되지 않습니다.

5-1. 다음 질문은 최근 한국에서도 많은 관심을 받은 주제인데요. 바로 전기차입니다. 일반적으로 전기차는 기존의 차에 비해 친환경적이라고 알려져 있지만, 일각에서는 전기차의 친환경적인 면이 과장되어 있다고 지적하기도 합니다. 이에 대해 어떻게 생각하시나요?

전기차가 기후 문제를 해결하는 데 기여할 수 있는 잠재력이 있다는 사실은 분명합니다. 그러나 여기에는 한 가지 중요한 전제 조건이 있습니다. 전기차를 운행하는 데 필요한 전기가 친환경적으로 생산되어야 한다는 것입니다.

그런데 전기를 친환경적으로 생산한다는 어려운 전제 조건이 만족된다고 해도 또 다른 문제가 남아 있습니다. 이는 기후보다는 환경이라는, 보다 거대한 맥락에서 살펴봤을 때 분명해집니다. 예컨대 전기차에 들어가는 리튬 배터리에 필요한 원재료의 매장량은 무한하지 않으며, 쓰고 남은 배터리를 처리하는 문제도 환경적으로 봤을 때 예민한 문제입니다.

저는 전기차가 등장하고 화석 연료를 사용하는 기존의 차를 대체하는 것이 기후 문제에 있어 바람직한 현상이라고 보지만, 이것이 궁극적인 해결책이라고는 믿지 않습니다.

5-2. 그렇다면 다음 질문을 할 수밖에 없는데요. 자동차의 미래에 대해 어떻게 생각하시나요?

자동차는 미래가 없습니다.(웃음) 자동차는 산업화라는 시대적 상황에서 등장했습니다. 사회가 점점 분업화되고 도심에 거주하는 것이 경제적으로 비용이 많이 들면서, 편리하게 이동할 수 있는 수단이 필요해짐에 따라 등장했죠. 물론 저는 지금 100년이 넘는 미래를 예측하면서 말하는 것이긴 하지만, 개인이 차를 소유하는 지금의 사회제도는 미래에 유지되지 못할 것입니다. 환경적인 측면에서도 그렇고, 개인의 가계를 생각했을 때도 그렇습니다. 대신 개인이 차를 소유하지 않아도 편리하게 이동할 수 있는 대중교통이나 차량공유제가 극단적으로 발전할 것입니다. 제가 스위스에서 거주한 경험이 있는데, 스위스에서는 이미 개인 소유의 차가 필요하지 않습니다. 이를 대체할 수 있는 기반시설이 갖춰져 있기 때문입니다.

6. **다음 질문은 원자력 발전에 관한 질문인데요. 한국에서도 탈원전에 관한 논쟁이 뜨겁습니다. 기후 변화의 측면에서 봤을 때 원자력 발전에 대해 어떻게 생각하시나요?**

장기적으로 봤을 때 이 문제에 관한 정답은 분명합니다. 원자력 발전은 사라져야 한다는 것이 자명합니다. 원자력 발전은 위험합니다. 특히, 국가 간 분쟁이 발생하거나 테러가 일어날 때 삼낭할 수 없는 위험 요소가 됩니다. 원자력 발전은 국가 안보의 관점에서도 상당한 불안 요소입니다.

　원자력 발전을 할 수 있는 기술은 곧 원자력 무기 발전에도 이용될 수 있기 때문에 이미 냉전시대부터 미국과 소련은 이를 경계해왔습니다. 미국과 소련은 다른 국가들이 원자력 발전 기술을 무기 발전에 이용하는 것을 최대한 막고자 했지만, 궁극적으로는 이 모순을 해결하지 못했습니다. 이는 지금도 유효한 문제입니다. 지정학적 측면 때문에라도 원자력 발전은 기후 문제를 해결할 수 있는 보편적인 해결책이 되지 못합니다.

　원자력 발전의 한계에 대해서는 끝없이 이야기할 수 있습니다. 그리고 기후 변화를 연구하는 학자로서 그 결론은 항상 같습니다. 원자력 발전을 해결책으로 생각하지 마십시오. 국가경제적으로도, 환경적으로도, 지정학적으로도 불가능한 일입니다. 원자력 발전은, 한국과 같이 이미 관련 시설이 갖춰져 있는 경우 단기적으로, 즉 다음 단계로 넘어

가는 과도기에서 임시로 고려할 만한 방법입니다.

7.　어느새 마지막 질문입니다. 기후 변화와 그로 인한 위기를 해결하는 데 있어 박사님과 같은 전문가가 할 수 있는 역할은 무엇이라고 생각하십니까? 기후 문제에 있어 많은 지식을 가지고 있지 않거나 그 위기의 정도를 실감하지 못하는 사람들을 설득하기 위해 무엇을 해야 한다고 생각하시나요?

우선 제가 아주 중요하게 생각하는 주제를 질문해주셔서 진심으로 고맙습니다. 역사를 전공하지 않은 일반 시민에게 기후사적 지식을 어떻게 전달해야 할지는 항상 큰 고민을 안겨줍니다. 특히, 기후 변화는 아주 시급한 문제이기 때문에 학자로서 이 문제에 대한, 정치적으로 유의미한 메시지를 남기는 것은 중요합니다. 이는 결코 사소한 문제가 아닙니다.

　　기후사와 기후 변화를 연구했기 때문에 저는 일반적인 역사학자들과는 달리 대학교뿐만 아니라 각종 정부 연구소에서 일하거나 정부 기관에 자문을 하는 역할을 해왔습니다. 또한 텔레비전이나 라디오, 신문과 같은 대중매체를 통해 기후 변화의 심각성을 알리는 인터뷰도 수없이 했습니다. 사실은 내일노 인터뷰가 예정되어 있습니다. 오랜 시간 이 일을 하면서 느끼건대, 대중매체를 통한 이와 같은 노력은 휘발성이 매우 강합니다. 제가 인터뷰를 하면 제 가족이나 친구, 동료들은 기사를 잘 봤다며 연락을 해오지만, 시간이 조금만 지나면 인터뷰 내용은 새로운 뉴스의 파도 속에 묻혀 잊힙니다.

저는 오랜 시간 일하면서 대학에서 학생들에게 기후 변화와 그로 인한 문제의 중요성을 가르치는 것이야말로 제가 맡은 가장 중요한 역할이라는 점을 깨달았습니다. 저는 사회에서 제 역할을 다하고 싶은 시민이지 궁극적으로 정치인은 아닙니다. 정치인이 되고 싶지도 않습니다. 저는 학자들이 정치적인 사안에 대해 목소리를 높이는 것을 존중하고 저 역시 그렇게 할 때가 있지만, 이는 한 명의 시민으로서 그렇게 하는 것이지 정치인으로서 활동하는 것이 아닙니다.

또한 저는 대학 안에서 한 명의 학자입니다. 이는 제가 말하고 쓰는 방식과 내용을 학자로서 전문성 있게 가다듬어야 한다는 것을 뜻합니다. 이것이 저의 책임이자 소명입니다. 저의 동료들은 종종 "우리가 사회적인 목소리를 내야 한다"와 같은 말을 합니다. 저는 그들 모두를 존중하지만, 그럼에도 불구하고 대학의 교수들에게 있어 가장 중요하고 직접적인 청중은 강의실에 있는 학생이라는 것을 잊은 것은 아닌지 우려가 될 때가 있습니다.

제가 강의실에서 성공적인 강의를 한 결과 학생들이 기후 변화의 중요성을 깨닫게 되면, 시간이 지나 그들이 사회의 여러 분야로 진출해서 그들 나름대로의 활동을 할 때 기후 변화의 중요성을 생각할 것이고, 이것이야말로 기후 위기를 해결하는 장기적 기반이 될 것입니다.

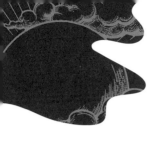

1.
인류와 기후

2.
기후와 농업

기후 변화의 역사 연표

· 과거 시기

1만 2900~1만 1700년 전	영거 드라이아스
1만 2500~1만 1600년 전	중동의 나투프 문화
1만 1700 전~	홀로세
1만 1700~8000년 전	홀로세 초기 (그린란디움)
8000~4000년 전	홀로세 중기 (노드그리피움)
4000년 전~	홀로세 후기 (메갈라야기)

· 기원전

2700~2200년	이집트 고왕국
약 2800~1800년	인더스 문명
2334~2154년	메소포타미아의 아카드 제국

· 기원후

168~180/190년	안토니우스 역병
250~270년	키프로스 역병
476년	서로마 제국 멸망
541~549년	유스티니아누스 역병
536~550/660년	고대 후기 소빙하기
985년	바이킹, 그린란드에 2개의 정착지 건설
900~1250년	중세 기후 이상 현상
1135~1180년	그레이트 플레인스 지역의 가뭄
1150년	아나사지족, 차코 캐니언 정착지 포기
1257년	사말라스 화산 폭발 (인도네시아의 롬복)
1258/1259년	몽골군, 시리아 일부 점령
1260년	몽골군, 아인 잘루트에서 맘루크군에 패배

1276~1299년	그레이트 플레인스 지역의 대가뭄 아나사지족, 메사 베르데 정착지 포기
1315~1317년	유럽 '대기근'
1348~1350년	'흑사병'
1350~1450년	그린란드의 바이킹 정착지 멸망
1450~1850년	소빙하기
약 1480~1650년	'가격혁명'
1492년	콜럼버스, 히스파니올라 섬에 도착해 첫 번째 식민지 건설 ('아메리카 발견')
1580~1630년	유럽 마녀사냥의 절정기
1664년	중국, 명나라에서 청나라로 왕조 교체
약 1740~1800년	인위적 기후 변화와 역사 시기의 기후 변화에 대한 논쟁의 시작
1808/1809년	큰 화산 폭발 (위치 불명)
1815년	탐보라 화산 폭발 (인도네시아의 숨바와)
1816년	유럽의 '여름 없는 해'와 '계절풍 없는' 인도
1816~1818년	유럽 및 동아시아 일부 지역의 기근 유럽에서 북미로의 이주 폭발
1824년	장-바티스트 푸리에, 온실효과 이론 제기
1952년	런던의 스모그
1963년	미국, 청정대기법 시행
1988년	기후 변화에 관한 정부 간 협의체(IPCC) 출범
1992년	기후 변화에 관한 유엔 기본 협약(UNFCCC) 체결
1997년	교토 의정서 체결
2015년	파리 기후 협정 체결

일러두기

1. 이 책에 사용된 외래어 표기는 국립국어연구원 외래어 표기법을 따랐다. 다만, 이미 굳어진 인명 등 몇 가지 외래어에 한해서는 예외로 했음을 밝힌다.

2. 이 책 본문 속의 각주는 모두 옮긴이 주이다.

3. 이 책 본문 속 기호 '/'의 의미는 '또는'이다. 예를 들어 설명하자면, 안토니우스 역병은 기원후 168년부터 적어도 180년까지 지속된 것으로 보는데, 일부 기록에서는 기원후 190년까지도 이어졌다고 본다. 따라서 '168~180/190년'으로 표기한다.

1.
인류와 기후

인간과 기후의 관계는 수십만 년간 발전해왔으며 끊임없이 변화해왔습니다. 이는 기후의 변화뿐만 아니라 인간 사회 자체의 변화에도 기인한 것이었습니다. 새로운 에너지 체제와 경제 양식, 그리고 사회와 기술에서의 혁신은 지속적으로 인간이 기후 및 환경과 맺는 관계를 새로 정립하게 만들었습니다. 기후의 역사를 다루는 이 책은 비교적 짧은 분량에도 불구하고 약 1만 2000년의 홀로세 시기를 모두 다루고 있으며, 특히 기후 및 기후 변화가 사회, 문화, 경제, 정치 체제와 역사적으로 어떻게 얽히고설켰는지를 이야기해 줍니다.

역사와 기후에 대한 연구는 이미 지난 수십 년간 이 복잡한 관계를 밝히는 것을 목표로 삼아왔으며, 연구의 시작은 1950년대와 1960년대로 거슬러 올라갑니다. 프랑스의 역사학자 에마뉘엘 르 루아 라뒤리Emmanuel Le Roy Ladurie, 1923~2023와 영국의 기후학자 휴버트 램Hubert Lamb, 1913~1997이 이 분야 연구에 결정적인 영향을 끼쳤습니다. 이 두 선구자의 연구는 19세기에 빙하기의 발견 이후 발전한 문제의식에서 출발했습니다.

사실 장기간의 지질학적 시간 척도에서 지구 기후의 큰 변화는 19세기 들어 처음으로 그 윤곽이 드러나기 시작했습니다. 그러나 1만 2000년 전부터 현재에 이르는 시기, 즉 마지막 빙하기 이후의 기후 변화에 대한 과학적 관심은 오랫동안 뒷전으로 밀려나 있다가 20세기 이후 알프스 빙하에 대한 국제적 연구와 세계기상기구에 의한 일련의 측정으로 다시 되살아났습니다. 대부분의 빙하는 19세기 전반부에 그 크기가 오히려 커졌습니다. 하지만 이후 많은 지역에서 다시 줄어들기 시작했습니다. 일련의 온도 측정 결과는 빙하가 줄어든 것이 온난화 경향에 대한 직접적인 반응이라는 주장을 뒷받침합니다. 이는 수만 년, 수십만 년, 혹은 그보다 더 긴 지질학적 시간 척도뿐만 아니라 그보다 짧은 역사적 시간 척도, 즉 수년, 수십 년, 수백 년, 혹은 수천 년에 걸친 기후 변화라는 오래된 질문을 다시 수면 위로 끌어올렸습니다.

역사적 기후 연구는 19세기 후반 이후의 시기에 대해서는 도구에 의한 온도 측정 자료를 이용할 수 있습니다. 그러나 이렇게 측정할 수 있는 시간은 매우 짧은 시간입니다. 이에 반해 도구로 측정 불가능한 이전 시대에 대해서는 간접적 정보(프록시)에 의존할 수밖에 없습니다. 20세기가 진행되면서 점점 새로워지는 연구 방법론과 함께 새로운 과학 분야가 발전했는데, 그중 고기후학은 기후와 기후의 변화를 장기간의 지질학적 역사 흐름 속에서 분석하는 데 집중합니다. 이를 위해 고기후학은 다양한 자료에서 얻은 간접적인 정보를 활용하는데, 예를 들어 종유석, 빙핵, 나이테 연구에서 획득된 정보가 이에 해당합니다.

다양한 역량과 전문성을 가지고 있는 많은 학자들의 연구 덕분에 오늘날 우리는 홀로세 시기와 이전 지구 역사의 기후에 대해 꽤나 잘 알게 되었습니다.◇ 더 먼 과거 시기에 관한 정보의 불확실성에도 불구하고, 우리가 현재 경험하고 있는 기후 변화가 이례적이라는 것은 확실하게 말할 수 있습니다. 인류가 초래한 온난화는 지난 백만 년 동안 플라이스토세에 지배적이었던 빙하기와 보다 따뜻했던 온난기의 규칙적 계승을 중단시켰습니다.◇◇

지구 기후의 역사에 있어서 이와 같은 전환점은 동시에 생물로서 우리가 기후와 관계를 맺는 방식의 역사에 있어서도 중대한 전환점을 뜻합니다(이 책 5장 참고). 전 지구적 차원의 기후 정책이 있다는 사실 자체가 인류가 초래한 기후 변화로 촉발된 기후사적 예외 상황의 징후입니다. 화석 연료의 사용과 같은 인간 활동이 지구 온난화를 촉진하기 때문에 기후 변화를 제한하는 문제는 전적으로 정치적 결정의 영향권에 있습니다. 인간과 기후의 역사에 있어서 이전의 어떠한 시대에도 이와 비교할 수 있을 만한 사례는 없습니다.

◇   홀로세는 약 1만 1700년 전부터 현재까지 지속되고 있는 지질 시대이다. 상대적으로 안정된 기후가 특징이며, 이로 인해 농경과 정착 생활이 가능해졌다.

◇◇ 플라이스토세는 약 258만 년 전부터 약 1만 1700년 전까지 지속된 지질 시대이다. 이 시기에는 빙하기와 보다 따뜻했던 온난기가 반복되었다.

산업화 시대의 화석 연료 에너지 체제와 이로 인한 사회적 변화야말로 상황이 이처럼 변화하게 된 이유입니다. 그러나 우리는 산업화 이전에도 인간이 환경을 상당 부분 변화시켜왔으며, 그 이전 시기에도 지구의 기후 체계에 대한 인간의 영향이 있었다는 전제에서 논의를 출발해야 합니다(이 책 4장 참고). 몇몇 학자들은 산업화 이전의 토지 이용으로 인한 초기의 인위적 기후 변화를 논의하는 데 이르기까지 했습니다.

기후의 역사에 있어서 첫 번째 전환점은 신석기 시대 이후로 확산된 '농업의 도입'이었습니다. 농업의 확산은 매우 복잡한 과정에 걸쳐 진행됐으며, 다양한 문명 중심지들에서 비동시적으로 일어났습니다. 이런 복잡한 연대기는 홀로세의 따뜻한 기후가 농업의 등장에 어떠한 영향을 끼쳤는지에 대한 일괄적인 답을 제시하는 것을 어렵게 만듭니다. 그럼에도 불구하고 지난 1만 1700년 동안 지속적으로 온화했던 기후가 농업의 발전에 유리한 조건을 제공했다는 사실에는 의심의 여지가 없습니다.

산업화 이전 2000년에 대해 기후역사학자들이 활용할 수 있는 기후적, 그리고 사회적 정보가 축적되어왔습니다

(이 책 3장 참고). 농업 사회는 점점 더 많은 문서 기록을 남기기 시작했으며, 이를 살펴보면 농업 사회가 기후 변화에 얼마나 취약한지 알 수 있습니다. 지금까지 남아 있는 문서 기록은 농업이 '기후의 기분'에 얼마나 예민하게 반응했는지 잘 보여줍니다. 반복적으로 예외 상황이 발생했고, 이에 따라 농업 수확량이 급격하게 떨어졌습니다. 이런 일은 여러 해에 걸쳐 지속적으로 벌어질 때도 종종 있었으며, 이는 재앙적인 결과를 가져왔습니다.

역사적 기후 연구는 지난 2000년 동안 일어난 여러 차례의 따뜻한 기간과 추운 기간을 식별하고 각각의 시기를 여러 용어로 구분해왔습니다. '로마 기후 최적기'와 '고대 후기 소빙하기', '중세 온난기', '소빙하기' 등이 대표적입니다. 그러나 현재 우리가 가지고 있는 지식으로는 이러한 시기가 전 지구적으로 통용될 수 있는지 확신할 수 없습니다. 오로지 '인류가 초래한 기후 변화'만이 전 지구적인 개념으로 통용될 수 있습니다.

현재 우리는 10년, 혹은 20년 전보다 기후의 역사에 대해 훨씬 많은 지식을 가지고 있습니다. 그렇지만 기후의 역사에 대한 우리의 관점이 더 단순화된 것은 결코 아닙니다. 오히려 그 반대입니다. 기후는 '위대한 문명들'의 운명에 어떠한 영향을 끼쳤을까? 기후가 로마 제국의 몰락이나 17세기 중국 명나라의 멸망에 기여했을까? 이와 유사한 질문은 오래전부터 반복적으로 논쟁거리를 제공해왔습니다. 특히, 대중적인 역사 서술에서 기후로 인한 여러 제국의 붕괴나 흥망성쇠를 이야기하는데, 이는 주의 깊게 살펴보아야 합니다.

이보다 광범위하게 이루어지는 역사 서술은 예나 지금이나 환경과 기후 같은 요소를 처음부터 배제하고, 역사적 변화를 오로지 사회적, 문화적, 경제적 요소로 환원합니다. 하지만 사회와 문화의 변화가 다른 외부 요인들에 의해 독립적으로 일어난다는 입장은 지리적, 기후적 요인이 인간 사회의 발전에 결정론적으로 영향을 끼친다는 입장만큼이나 오해를 불러일으킬 소지가 있습니다. 이 양극단의 입장 사이에 제3의 접근 방식이 있습니다. "사회적, 문화적, 경제적 발전이 기후 및 환경과 얽혀 있다"는 사실을 고려하는 것인데, 이러한 얽힘은 지역에 따라 매우 특정한 방식과 맥락으로 이루어집니다.

기후가 단순히 역사를 만들지는 않습니다. 그러나 기

후는 한편으로는 지구적 차원에서, 다른 한편으로는 지역마다 고도로 구분되는 환경적 요인으로서 인간이 자연환경과 맺는 모든 관계에 작용합니다. 인류가 초래한 기후 변화의 시대에 이르러 우리는 이 사실을 수십 년 전보다 더 분명하게 인식하고 있습니다. 따라서 더 이상 역사에서 기후를 배제해서 생각할 수는 없습니다.

2.
기후와 농업

끝없는 온난기

지구 역사상 현재의 시기인 홀로세는 온난기에 해당합니다. 많은 사람들은 현재의 시대가 온난기에 속한다는 사실을 '위대한 문명'의 등장과 같은 인류 역사상 중요한 결과들과 연관을 지어 생각해왔습니다. 그러나 이러한 주장에 대해 살펴보기에 앞서 우선 '온난기'란 무엇인지 분명히 해둘 필요가 있습니다. 이를 위해서는 홀로세 시기를 이전부터 지속되어온 기후 발전의 보다 장기적인 맥락 속에서 살펴볼 필요가 있습니다.

지구의 역사에서 기후는 수차례 급격하게 바뀌었습니다. 한 극단에는 매우 강한, 심지어 완전한 빙하의 시기가 있었고(일명 '눈덩이 지구'), 다른 극단에는 여러 차례 매우 따뜻했던 시기가 있었습니다. 후자의 경우 지구의 표면은 빙하로부터 완전히 해방되었으며 남극과 북극도 예외가 아니었습니다. 현재로부터 1억 4000만 년 전부터 6500만 년 전까지의 시기인 백악기가 이런 시기에 해당합니다. 백악기에는 대기 중 이산화탄소 농도 또한 1000ppm을 넘어 현재보다 매우 높았습니다. 이후 대기 중 이산화탄소 농도는 지속적으로 감소했습니다.

지금으로부터 약 300만 년 전 지구는 새로운 빙하기에 돌입했습니다. 이때의 빙하기는 지구의 일부, 특히 극지방이 영구적인 얼음으로 덮여 있는 시기로 정의됩니다. 홀로세 또한 빙하기의 한 시기인데, 지난 1만 1700년간 극지방에서 얼음의 양, 두께, 범위가 시기에 따라 변화하기는 했지만, 얼음은 계속 유지되었기 때문입니다. 따라서 홀로세는 온난기이면서, 다른 한편으로는 장기적으로 지속된 빙하기의 작은 부분입니다. 이러한 모순은 약 260만 년 전부터의 플라이스토세 동안 주기적으로 반복되어온 보다 추운 시기와 보다 더운 시기의 교차를 살펴보면 이해할 수 있습니다.

보다 추운 시기와 보다 더운 시기의 교차는 지난 80만 년 동안 남극의 빙핵을 통해 재구성된 온도를 보면 분명해

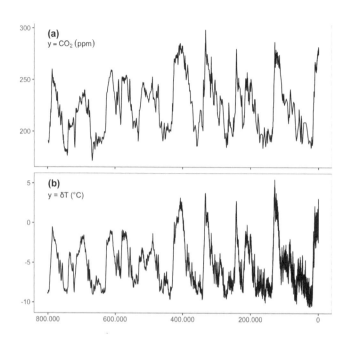

[그림 1] 지난 80만 년 동안의 이산화탄소 및 온도 변동:
(a) 대기 중 이산화탄소 농도(ppm), (b) 온도 변동: 최근
1000년 평균과의 편차

집니다(그림 1). 대기 중 이산화탄소 농도가 변화하는 양상
이 온도가 변화하는 양상과 유사하다는 것을 알 수 있는데,
기온이 따뜻한 시기에는 대기 중 이산화탄소 농도가 높았
으며, 기온이 낮았던 시기에는 대기 중 이산화탄소 농도 또

한 낮았습니다.

그러나 탄소 순환의 변화 및 변동이 빙하기와 간빙기의 교차를 일으킨 가장 중요한 원인은 아닙니다. 여기에는 궤도 동인(혹은 밀란코비치 동인)이라고 지칭되는 천문학적 요인이 더 중요한 영향을 끼쳤습니다. 천문학적 요인 중 첫 번째로는 태양과 달의 인력에 의해 발생하는 지구 자전축의 흔들림(세차 운동)을 꼽을 수 있습니다. 지구 자전축은 2만 6000년 주기로 황도면에 대해 서서히 회전하며, 이로 인해 자전축의 방향이 변하게 됩니다. 두 번째로 지구 자전축의 기울기(경사각)가 약 4만 1000년 주기로 22.1°에서 24.5° 사이를 오갑니다. 세 번째로 지구의 공전 궤도 역시 변화하는데, 지구의 공전 궤도는 거의 원형에서 약간의 타원형 사이를 오갑니다. 이 변화는 40만 5000년 주기로 일어납니다.

세 가지 궤도 동인 모두 지구에 도달하는 태양 복사량의 변동을 초래합니다. 태양으로부터의 거리는 복사 밀도에 영향을 미칩니다. 이에 반해 자전축의 기울기와 흔들림은 지역에 따른 태양 복사의 분포에 영향을 미치며, 이에 따라 북반구와 남반구의 계절 변화에도 영향을 미칩니다. 지구의 기후는 이런 변화에 지역별로 다르게 반응합니다. 그러나 지금까지 플라이스토세의 빙하기와 간빙기 사이의 과도기에는 앞의 세 요인이 지배적인 영향을 끼쳤으며, 이들의 주기에 따라 빙하기와 간빙기의 반복 또한 대부분 설명 가능합니다.

지질학적으로 봤을 때 1만 1700년 전부터 (1950년으로 정의된) 현재까지 진행된 홀로세로의 전환은 약 1만 6000년 전의 기온 상승으로 시작되었습니다(그림 2a). 궤도 동인들로 인해 여름 시기 북극의 태양 복사량이 늘어났고, 이로 인해 북극 해빙이 녹기 시작했습니다. 또한 내륙에 있는 대규모 빙상의 가장자리도 녹기 시작했습니다. 온난화 과정이 계속 진행되면서 내륙의 빙하와 남극의 해빙도 줄어들었습니다. 이렇게 녹은 물은 1만 6000년 전부터 현재에 이르기까지 해수면을 120미터 상승시켰으며, 그중 대부분의 상승은 8500년 전에 발생했습니다. 이 과정을 거쳐 대륙의 해안선이 바뀌었습니다. 이전까지 해수면 위에 있었던 저지대는 몇천 년 안에 침수되었습니다. 호르무즈 서쪽의 페르시아만과 시베리아와 알래스카 사이의 베링 육교가 이때 침수된 지역이라고 할 수 있습니다. 베링 육교는 마지막 빙하기 동안 아메리카 대륙에 최초로 사람이 정착하는 데 결정

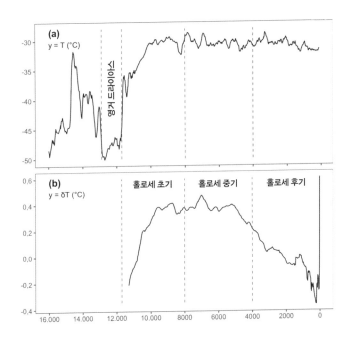

[그림 2] 홀로세로의 전환기 및 홀로세 동안의 온도 변화:
(a) 지난 1만 6000년 동안 그린란드의 온도, (b) 지난 1만
1300년 동안 전 세계의 온도 변동: 1961~1990년 동안의 평
균과의 편차

적인 역할을 했다는 점에서 특기할 만합니다. 이 시기에는
또한 지중해와 흑해 사이에 수로가 형성되었고, 북해가 상
당 부분 확장되었으며, 빙하가 녹아 발트해가 새로 생겼습

2. 기후와 농업

니다. 그러나 이 중에서도 역시 베링 육교 침수가 아주 중대한 영향을 끼쳤습니다. 베링 육교의 침수로 아메리카 최초의 원주민들이 수천 년 동안 유라시아로부터 단절되었기 때문입니다. 아메리카 원주민들이 1492년 이후 유럽인들과 다시 접촉하면서 재앙과 같은 결과가 발생한 것 역시 이 단절에서 비롯된 것입니다(이 책 4장 참고).

　　물론 홀로세로의 전환기에 해수면만 상승하지는 않았습니다. 이 시기에 대기 중 이산화탄소 농도 또한 상승했는데, 1만 6000년 전 220ppm이었던 이산화탄소 농도는 1만 1000년 전에는 270ppm까지 상승했습니다. 이는 바다와 식생의 변화로 이전에 저장되어 있던 탄소가 방출되었기 때문입니다. 대기 중 이산화탄소 농도의 상승은 홀로세로의 전환기 동안 일어난 온난화의 여러 가지 자연스러운 반응 중 하나였으며, 온실가스인 이산화탄소는 다시 온난화를 가속화했습니다. 따라서 궤도 동인 이외에 자연적 요소인 온실가스로 인해서도 온난화는 강화되었습니다. 한편 궤도 동인으로 인한 태양 복사량의 변화, 북극 여름의 영향, 빙하의 해빙, 그리고 높아지는 대기 중 이산화탄소 농도 같은 요인들의 작용은 플라이스토세 시기 중 빙하기에서 간빙기로의 전환기에서도 찾아볼 수 있습니다. 따라서 홀로세가 아주 예외적인 시기는 전혀 아닙니다.

그럼에도 불구하고 홀로세는 이전의 온난기와는 다른 특징을 가지고 있습니다. 우선 홀로세의 온난기는 지속 기간이 예외적으로 깁니다. 플라이스토세의 기후 변화는 대부분 긴 빙하기와 그보다는 짧은 간빙기가 교차하는 특징을 보이는데, 이때의 간빙기는 홀로세의 간빙기보다 그 온난화 기간이 짧았습니다. 홀로세의 긴 온난기 지속 기간은 인류사에도 중요한 의의를 지닙니다. 긴 지속 기간으로 인해 여러 문명 중심지에서 주변부로 농업이 확산되는 것을 용이하게 만들었기 때문입니다. 물론 대기 중 이산화탄소 농도의 상승 또한 중요한 역할을 했을 것으로 보입니다. 탄소는 광합성 과정에서 유기화합물에 고정되는데, 홀로세 초기부터 많은 양의 이산화탄소로 인해 식물의 생산성이 높아졌기 때문입니다. 이를 통해 식물 재배가 더 매력적이 되었을 가능성이 많습니다.

농업을 위한 토지 이용이 기후에 미친 영향은 또 다른 해결되지 않은 질문입니다. 물론 농업은 산업화 이전에도 지역 및 지방 환경에 상당한 영향을 끼쳤습니다. 그러나 이런 영향에 과연 기후도 포함되었을까요? 실제로 홀로세가 오래 지속된 원인 중 하나로 토지 이용의 변화를 꼽은 적이 있습니다. 즉, 산업화 이전의 인간 영향력 또한 이전에 있었던 온난기에서 한랭기로의 전환기에 비해 홀로세 시기 온실가스 농도가 더 높은 데 장기적으로 기여했을 가능성이 있습니다. 물론 홀로세 시기 인류가 초래한 영향에 관한 질문은 여전히 논란의 대상이며, 이를 대체하는 다른 설명도 존재합니다(이 책 4장 참고).

홀로세의 장기적 온도 변화를 살펴보면 또 다른 이상 현상을 발견할 수 있으며, 이는 확실히 인류가 초래한 것입니다(그림 2b). 홀로세 중기 이후 시작된 기온 하강 추세 곡선의 끝부분을 보면 급작스러운 기온 상승을 볼 수 있는데, 이는 산업화로 강화된 온실효과에 의해 야기된 것입니다. 정상적인 경우라면 다음의 빙하기로 이어질 자연적인 기온 하강 추세가 지구 온난화로 인해 역전된 것입니다. 자연적인 흐름대로였다면 북반구의 태양 복사량 감소와 이에 따른 북극의 여름 기온 하강이 빙하의 증가로 이어졌을 것입니다. 또한 특정 시점 이후에는 이 경향이 양성 되먹임 positive feedback을 통해 더욱 강화되었을 것입니다. 그러나 인류가 초래한 온실효과는 이런 순환 주기를 중단시키고 예측할 수 없게 만들었습니다. 즉, 인류가 초래한 온실효과는 주기적인 변화와 반대되는 방향으로 작용하고 있으며, 홀로세와 함께 시작된 온난기의 끝을 예측할 수 없게 만든 겁니다.

과도기
(나투프와 영거 드라이아스)

농업은 홀로세로의 전환기에 시작되었습니다. 이런 시기적 유사성은 자연스럽게 기후가 농업 경제 및 생활 방식의 등장과 확산에 어떠한 영향을 주었는지에 대한 질문을 불러왔습니다. 그리고 이 질문은 언뜻 보이는 것보다 대답하기가 훨씬 어렵습니다. 식물과 동물의 작물화 및 가축화, 정착 생활로의 전환, 그리고 농업의 확산을 위해서는 긴 시간이 필요하며, 이를 단순히 따뜻해진 기후 조건만으로는 설명할 수 없기 때문입니다. 이 과정은 수 세대에서 수천 년에 걸쳐 일어난 복잡한 과정이며, 그 과정에서 기후가 일정하게 유지되지도 않았습니다.

밀과 같은 곡물의 작물화는 이미 '에피팔레올리식 시

대'라 불리는 구석기에서 신석기로의 전환기에 시작되었습니다. 여러 수렵, 채집 사회에서 특정 품종의 씨앗을 의도적으로 모으고 심기 시작했습니다. 수렵, 채집 사회의 구성원들은 이런 관행으로 인해 특정 장소들을 반복적으로 방문하기 시작했고, 차츰 체계적으로 오랜 기간 한곳에 거주하기 시작했습니다. 즉, 이동성이 줄어들기 시작했습니다. 또한 이 시기에 개와 같은 특정 동물을 본격적으로 가축화하기 시작했습니다.

그러나 마지막 빙하기 말기의 온난화는 '영거 드라이아스'(현재로부터 약 1만 2900년에서 1만 1700년 전까지의 시기)라 불리는 한랭기로 인해 북반구에서 중단되었습니다. 이 급작스러운 한랭화로 인해 기온이 2℃에서 6℃ 정도 하락했으며, 이런 변화의 원인을 설명하기 위해 북아메리카 지역에서의 소행성 충돌과 같은 여러 가지 가설이 반복적으로 제시되었습니다. 최근에는 몇몇 학자들이 라허 호수(독일 라인란트팔츠 주에 있는 호수)의 화산 폭발을 그 원인으로 꼽기도 했습니다. 나이테 분석을 통해 화산 폭발이 지금으로부터 1만 3077년 전에 일어났다고 추정했는데, 이에 따르면 유럽 지역에서 다른 지역보다 일찍 추위가 시작된 것이 설명됩

2. 기후와 농업

니다. 그러나 북반구 전체에 걸쳐 일어난 영거 드라이아스를 설명하기에는 이 추정 시기가 너무 이릅니다.

빙하에서 녹은 대규모 담수의 유입으로 북대서양 열염 순환◇이 약화된 것 또한 널리 받아들여지는 설명입니다. 이 순환은 멕시코만과 같은 열대 및 아열대 지역의 따뜻한 표층수를 북쪽의 더 추운 지역으로 운반하여 대서양과 대기 사이의 열 교환에 영향을 끼칩니다. 이로 인해 유럽에는 더 따뜻한 서풍이 불어옵니다. 추정에 따르면, 영거 드라이아스 초기에 빙하가 녹으면서 만들어진 대규모 담수가 북대서양으로 흘러들어 갔으며, 이것은 남쪽으로부터의 열 운반이 중단되는 결과로 이어졌습니다. 이 시기 빙하가 녹은 물은 로렌타이드 빙상◇◇에서 유래한 것입니다. 로렌타이드 빙상은 이전 빙하기 동안 북아메리카 대부분을 덮고

◇　열과 담수의 유입으로 해수 밀도의 지역적 차이가 생기고, 이에 따라 대규모 해양순환이 발생하는 것.

◇◇　약 260만 년 전부터 캐나다, 미국 북부, 그린란드와 러시아, 유럽 북부 등에 걸쳐 형성되어 있던 거대한 빙상.

있었습니다.

영거 드라이아스 시기가 농업 생활 양식에 끼친 영향은 나투프 문화를 통해 연구할 수 있습니다. '나투프 문화'는 레반트 지역의 후기 에피팔레올리식을 가리키는 용어입니다. 레반트 지역에서 기원전 1만 2500년에 시작돼 기원전 9600년에 끝난 문화적 발전은 요르단강 서안 지구의 '와디 알-나투프 유적지'에서 그 이름이 유래했습니다. 중동, 특히 비옥한 초승달 지대는 농업이 가장 초기에 발전한 중심지입니다. 나투프 문화는 고고학적으로 연구가 매우 잘 되어 있어, 곡물 재배와 정착 생활로의 전환이 기후의 변화와 어떤 관계 속에서 일어났는지 연구하는 데 좋은 사례입니다.

요르단 북동부에서는 세계에서 가장 오래된 빵의 흔적이 발견되었는데, 지금으로부터 약 1만 4400년 전의 것으로 추정됩니다. 아부 후레이라 유적지에서 발견된 음식 잔여물을 분석한 결과, 이곳에서 약 1만 3000년 전에 곡물이 재배되었다는 사실을 확인했습니다. 그러나 아직 이 시기까지는 이 지역에 살던 공동체들이 사냥을 위해 거주지를 옮겨 다니곤 했습니다.

현재로부터 1만 2700년 전 영거 드라이아스는 레반트 지역에 추위와 건조한 기후를 불러왔으며 식생에 변화를 일으켰습니다. 숲은 줄어들었고 그 자리에 초원이 들어섰으며, 이는 가젤과 같이 덩치가 큰 무리의 개체 수에 영향을 끼쳤습니다. 나투프의 정착지 유물에서 발견된 음식 잔여물은 인류가 덩치 큰 야생동물을 성공적으로 사냥했다는 것을 보여줍니다.

　　이 무렵부터 점차 토끼, 여우, 새, 그리고 물고기 같은 보다 작은 동물로 사냥 대상이 옮겨갔습니다. 이는 사냥 지역이 정착지 주변의 보다 작은 반경에 국한되는 결과를 가져왔고, 따라서 정착 생활은 보다 강화되었습니다. 더불어 주요 정착지의 크기가 점점 커진 것은 인구가 증가했다는 사실을 뒷받침합니다. 인구 증가는 높은 확률로 사냥의 반경이 제한된 것과 밀접한 관련이 있는데, 사냥 반경이 제한됨에 따라 정착지에 보다 오래 머무를 수 있게 되었기 때문입니다. 한편 성장하는 공동체는 보다 많은 식량을 필요로 했으며, 생산량과 겨울철 비축량이 증가했다는 것은 고고학적으로도 뒷받침되는 이 시기 발전의 결과입니다.

　　최초로 재배된 작물인 호밀의 흔적은 이스라엘 북부의

에이난/아인 말라하 지역에서 확인할 수 있습니다. 기후가 악화됨에 따라 이 지역 사람들은 더 이상 호두나무와 같은 자원을 이용할 수 없게 되었습니다. 그래서 사람들은 사냥과 야생 호밀에 의존하게 되었는데, 시간이 지남에 따라 점점 더 많은 양을 직접 재배하기 시작했습니다. 이와 같은 새로운 생활 양식은 곡물을 빻기 위해 사용된 절구나 수확을 위해 사용된 낫의 등장과 같은 물질문화의 변화를 통해서도 확인됩니다.

전체적으로 봤을 때, 영거 드라이아스가 동물의 가축화와 식물의 작물화를 촉진하는 생태 조건을 조성하고, 이 지역에서 이미 시작된 사회적 변화를 더욱 가속화한 것은 분명해 보입니다. 나투프 문화가 영거 드라이아스의 춥고 건조한 기후에 적응한 과정은 따뜻한 기후 조건과 농업 사이에 일직선적인 인과관계가 존재하지 않는다는 것을 보여줍니다. 물론 농업으로 생활을 영위한 집단이 나중에 추운 기후 조건에 반응해서 수렵, 채집이나 반정착 생활로 돌아간 경우도 존재했습니다. 그러나 여기에는 기후만 영향을 끼친 것이 아니고, 기후만큼이나 각 지역의 생태적, 정치적 상황의 차이가 중요하게 작용했습니다. 이에 반해 나투프 문화는 불리한 기후 변화에 적응하는 과정에서 정착 생활과 농업으로의 전환이 오히려 강화된 사례입니다.

신석기 혁명들
(홀로세 초기와 중기)

농업의 도입과 확산은 중대한 역사적 전환점입니다. 농업은 사회의 발전을 새로운 에너지 체제의 기초 위에 세웠으며, 이렇게 성립한 새로운 에너지 체제는 생물로부터 얻을 수 있는 자원의 생산을 인간이 통제한다는 특징을 가지게 됩니다. 이 과정은 가축화 대상 동물과 작물화 대상 식물을 선택함으로써 간접적으로 진행되었습니다.

농업 생산은 동시에 인간 경제와 생활 방식을 근본적으로 변화시킵니다. 이전에는 찾아볼 수 없었던 인구 증가가 가능해졌으며, 이는 점점 분업화된 조직에 기반한 보다 거대한 공동체의 출현에 기여했습니다. 농업은 복잡한 지배 구조를 갖고 있는 '위대한 문명'을 불러왔으며, 인간과 기후의 관계를 새롭게 정립했습니다.

'신석기 혁명'이라는 개념은 농업이 인류의 역사에 있어서 전환점으로 작용했다는 것을 단적으로 보여줍니다. 이 개념은 호주의 고고학자 비어 고든 차일드Vere Gordon Childe, 1892~1957가 농업으로의 전환이 산업혁명만큼이나 중요하다는 것을 강조하기 위해 도입했습니다. 그러나 오늘날 연구에 비추어보면, 이런 선량한 의도가 오해를 불러올 위험 또한 있습니다. '혁명'이라는 단어를 들었을 때 우리는 무의식적으로 역사적 상황의 급작스러운 변화를 떠올리기 때문입니다.

그러나 농업으로의 전환은 사실 '급작스럽게' 일어나지 않았습니다. 더 문제가 되는 것은 차일드가 농업의 여러 기원지 중 단 하나의 지역, 즉 비옥한 초승달 지역만을 다루었다는 점입니다. 이는 농업이 바로 이 지역에서 전 세계의 다른 지역으로 점차 퍼져나갔다는 당시의 고고학적 견해에 따른 것이었습니다.

그러나 이 관점은 이미 오래전에 수정되었습니다. 현재는 지리적으로 서로 멀리 떨어져 있는 최소 11개의 기원지가 있었던 것으로 널리 받아들여지고 있습니다. 지금의 튀르키예 남부, 시리아, 이스라엘, 레바논, 팔레스타인, 요르단, 키프로스에 걸쳐 뻗어 있던 비옥한 초승달 지역은 가장 오래된 중심지이기는 하지만, 유일한 중심지는 아닙니다. 중국 북부, 메소아메리카, 안데스 지역에서도 농업의 중심지가 등장했으며, 시간이 지나면서 이와 같은 홀로세 초기의 중심지들과 더불어 홀로세 중기의 중심지들도 새로 등장했습니다(그림 3).

가축화 및 작물화란 특정한 종이 인간에 의해 변화된 농업의 생태학적 조건에 맞게 적용한다는 것을 뜻합니다. 인간은 재생산에서의 선별을 통해 이 적용 과정에 영향을 미쳐왔으며, 이에 따라 식물과 동물은 시간이 흐름에 따라 유전적으로 변화를 겪었습니다. 인간은 또한 특정한 종이 확산되는 과정을 통제해왔습니다. 재생산에서의 개입은 한 종의 표현형, 즉 인지할 수 있는 특성의 총합을 변형시켰는데, 예를 들어 특정 동물이 덜 공격적으로 행동하거나 밀의 줄기가 더 견고해지는 결과를 일으켰습니다. 물론 이와 같은 변형은 오랜 시간을 필요로 합니다. 특정 작물의 형성에는 수 세기가 넘는 시간이 소요되기도 했으며, 밀, 보리, 쌀의 경우 높은 수확량을 거두는 데 적합해지기 위해 2000년

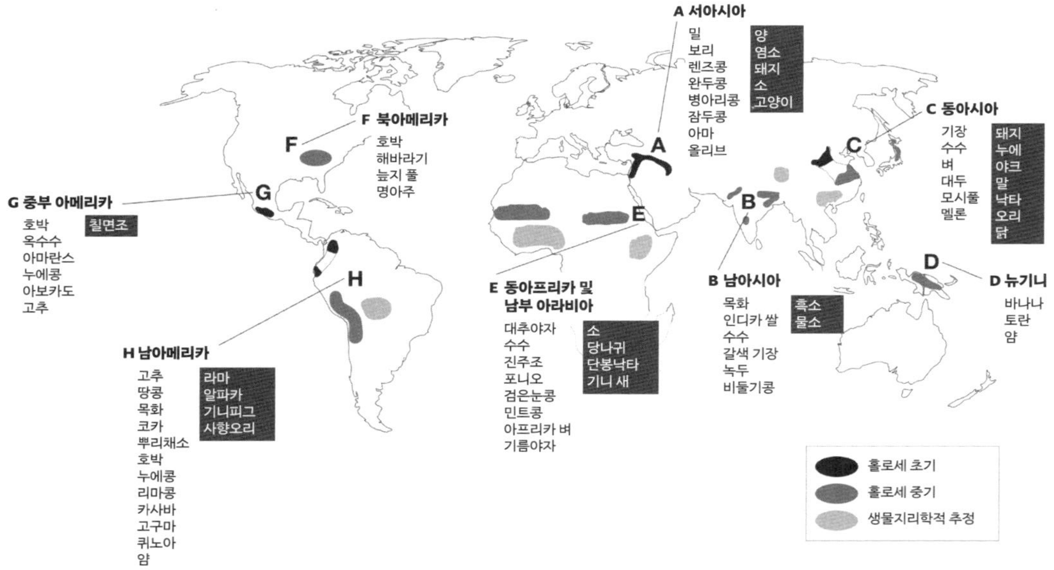

A 서아시아
양
염소
돼지
소
고양이

밀
보리
렌즈콩
완두콩
병아리콩
검은녹두
아마
올리브

C 동아시아
돼지
누에
야크
말
낙타
오리
닭

기장
수수
벼
대두
모시풀
벨론

D 뉴기니
바나나
토란
얌

B 남아시아
혹소
물소

목화
인디카쌀
수수
검은녹두
녹두
비둘기콩

E 동아프리카 및 남부 아라비아
소
당나귀
단봉낙타
기니 새

대추야자
수수
진주조
포니오
검은눈콩
인도콩
아프리카벼
기름야자

F 북아메리카
호박
해바라기
늪지콩
명아주

G 중부 아메리카
칠면조

호박
옥수수
아마란스
누에콩
아보카도
고추

H 남아메리카
라마
알파카
기니피그
사향오리

고추
땅콩
목화
코카
뿌리채소
호박
누에콩
리마콩
카사바
고구마
퀴노아
얌

홀로세 초기
홀로세 중기
생물지리학적 추정

[그림 3] 초기 농업의 중심지와 해당 지역에서 길러진 동식물

에서 4000년 정도의 시간이 걸리기도 했습니다.

광범위한 종류의 동식물의 가축화 및 작물화는 다양한 지역에서 시기적으로 다르게 일어났습니다. 중부 및 남부 아메리카에서는 옥수수, 감자, 콩, 호박, 땅콩 등이 기원전 9000년에서 5000년 사이에 작물화되기 시작했습니다. 사헬 지대에서는 수수와 진주조가 기원전 3000년에서 2000년 사이에 작물화되었습니다. 이런 복잡한 연대기는 보다 따뜻한 홀로세 기후로의 전환만으로는 많은 것을 설명하지 못한다는 사실을 명확하게 보여줍니다. 즉, 공간적인 기후 요인과 같은 또 다른 요인이 보다 중요하게 작용했다고 볼 수 있는데, 농업 기원지의 대부분이 지리적으로 북위 23.5°와 남위 23.5° 사이의 열대 지역에 위치해 있었다는 점은 주목할 만합니다. 이 지역은 강한 자외선으로 인해 유전적 돌연변이가 가장 자주 발생하며, 이는 작물의 표현형 변화를 가속화했을 것입니다.

이렇듯 농업의 확산은 다양한 중심지에서 시작되었을 것이라고 가정해야 하지만, 그럼에도 불구하고 비옥한 초승달 지대는 농업 문명의 역사에 있어서 특별한 위치를 차지합니다. 이 지역에서 가장 많은 수의 작물과 가축이 유래했으며 이후 다른 지역으로까지 퍼져나갔습니다. 식물로는 밀, 보리, 렌즈콩, 완두콩, 병아리콩, 누에콩, 아마, 올리브를 꼽을 수 있고, 동물로는 양, 염소, 돼지, 소, 고양이가 대표적입니다. 이 동식물들은 지금으로부터 약 1만 2000년 전 비옥한 초승달 지대의 다양한 지역에서 각각 작물화되거나 가축화되기 시작했습니다. 이 시기에 보리는 레반트 남부에서, 그리고 밀의 일종인 외알밀은 아나톨리아 남동부 지역에서 처음으로 재배되었습니다.

기원전 7000년 무렵이 되면, 지역 내의 교환망이 확산되어 비옥한 초승달 지대 전체에서 같은 종류의 동식물을 찾아볼 수 있게 됩니다. 농업 생산은 몇몇 종에서 그 스펙트럼이 넓어졌으며, 이에 따라 거대한 공간에서 다양화되었습니다. 이는 재배된 식물과 가축화된 동물이 생태학적으로 자신의 기원지에서 옮겨져 새로운 곳에 적응할 수 있었기 때문에 가능했습니다. 그리고 이것은 미래에 농업을 다른 환경 및 기후 조건을 가지고 있는 지역으로 '이식'하는 데 낙관주의적 경험으로 작용했을 것입니다.

홀로세 초기의 기후는 전체적으로 상당히 불안정했습니다. 해수면은 계속해서 빠르게 상승했으며 대륙의 해안선을 바꾸어놓았습니다. 특히 눈에 띄는 것은 일명 '8200년 사건'이라 불리는 것으로, 이는 영거 드라이아스가 시작된 이후 가장 심각했던 한랭화였습니다. 이 사건은 공식적으로 홀로세 중기로의 전환점으로 여겨지는데, 지질학 용어를 보다 정확하게 사용하자면 그린란디움(1만 1700년~8000년 전)에서 노드그리피움(8000년~4000년 전)으로의 전환을 뜻합니다. 유럽의 기온이 약 2℃ 하락한 이 한랭화는 약 100년간 지속되었으며, 영거 드라이아스보다는 매우 짧았습니다. 8200년 사건은 아가시즈 호수와 오지브웨 호수의 담수가 북대서양으로 방출되면서 발생했는데, 두 호수 모두 수천 년 전 홀로세로의 전환기에 로렌타이드 빙상이 녹는 과정에서 북아메리카 대륙에 형성된 호수였습니다.

8200년 사건은 지금의 유럽, 북아프리카, 중동 지역에 영향을 끼쳤습니다. 특히, 북대서양에서 해수면의 온도가 내려가면서 유럽과 레반트 전체 지역에서 강수량이 감소하고 가뭄이 지속되는 결과를 낳았습니다. 이는 정착 생활을 하는 공동체는 물론이고 수렵, 채집 사회에도 피해를 야기했습니다. 지중해 지역에서는 이런 기후 변화가 중석기에서 신석기로의 전환기에 일어났기 때문에 농업적 생활 양식의 등장과도 시기적으로 겹쳤습니다.

기후 조건의 변화는 중동 지역에서 시작된 사람들의 이주에도 중요한 역할을 했을 가능성이 높은데, 이 이주를 통해 작물과 가축에 대한 지식과 자원을 가지고 있는 사람들이 중동에서 유럽 지역으로 이동했습니다. 농업은 이 시기를 거치며 유럽 남동부, 아나톨리아, 키프로스 지역으로 확산되었습니다. 이어 기원전 6000년경에는 대서양 해안 지역에도 농업이 전파되었습니다. 기원전 5000년경에는 지금의 유럽 대륙 대부분이 신석기 문명에 속하게 되었지만, 현재의 영국, 아일랜드, 스칸디나비아 반도에 신석기 문명이 자리하기까지는 약 1000년의 시간을 더 필요로 했습니다.

한편 자그로스 산맥의 가축화된 동물과 농업 생활 방식은 기원전 7000년 이후 이란의 고원과 인더스강으로 전파되기 시작했습니다. 중국에서는 기원전 8000년과 기원전 6000년 사이 장강과 황하의 2개 유역에서 서로 독립적으로 발전하기 시작했습니다. 기원전 5000년경에는 이집트의 나일강에서 해마다 반복되는 나일강의 범람과 비옥한 퇴적물에 의존하는 형태의 농업이 행해졌습니다. 이런 체계를 지탱한 밀, 보리, 아마, 양, 염소, 소, 돼지 등의 작물 및 가축은 레반트 남부 지역에서 전파된 것이었습니다.

인구의 증가와 인구 밀집 지역의 형성은 기원전 3100 년경 왕조 국가가 성립하는 데 있어서 중요한 전제 조건이 었습니다. 이집트인들은 농업을 위한 모든 것을 자연에 맡 겨놓지는 않았으며, 점차 관개시설을 발전시켜나갔습니다. 댐과 최대 20킬로미터에 달하는 운하 건설과 같은 대규모 프로젝트는 이집트 고왕국이 등장하는 데 핵심적인 역할을 했을 것입니다.

인공적 관개시설에 의존한 최초의 농업은 기원전 5900년경 메소포타미아의 유프라테스강과 티그리스강 하 류 지역에서 등장했습니다. 얼마 후 이 지역에서 최초의 도 시와 문명 또한 발전하기 시작했습니다. 매년 주기적으로 발생한 강의 범람은 더 집중적인 농업과 이에 따른 수확량 의 개선을 가능케 했으며, 그 결과 이 지역 문명은 점점 더 많은 수의 사람들을 부양할 수 있게 되었습니다. 그런데 관 개시설은 동시에 건설 및 유지 비용이 많이 들고 공동체 전 체의 노동을 요구했습니다. 따라서 관개시설을 운영한 지 역에서 고도의 문명이 등장했다는 것은 일반적으로 농업의 집중화, 수확량의 증가, 강력한 조직화, 그리고 공동작업과 같은 요인들로 설명됩니다.

농업 생활 양식은 인간과 기후의 관계를 새로운 토대 위에 세웠습니다. 정착 생활은 인간이 기온 변화와 강수량 및 다른 기상 요인의 변동과 지속적으로 상호 작용하는 결과로 이어졌는데, 이는 기후 요인이 곡물의 재배 및 가축 사육에 직접적으로 영향을 끼쳤기 때문입니다. 농업이 각 지역의 환경에 맞춰 이루어졌기 때문에 (또 오늘날에도 여전히 그러하기 때문에) 기후는 그 지역의 식생, 그리고 메뚜기와 같은 해충의 번식에도 영향을 끼쳤습니다.

이때 농업 자체가 주위 환경을 변화시키는 요인으로 작용했다는 것은 특기할 만합니다. 예컨대 어떤 지역에서 숲을 개간한 결과 토양의 침식이 일어났다면, 이 지역에서 기후 변화와 이상 기후에 대해 보다 취약한 모습이 드러나곤 했습니다. 마지막으로 농업은 인구 밀집 지역과 도시의 등장을 가능케 했다는 점에서 병원균의 확산을 위한 새로운 조건을 만들어냈습니다. 이에 따라 전염병이 발생하기 시작했습니다.

그러나 농업 문명은 동시에 변화된 조건에 적응할 능

력 또한 지니고 있는데, 여기에는 기후 변화도 포함됩니다. 다양한 중심지에서 시작된 농업이 다른 기후대를 가진 지역으로 점차 확산되었다는 것, 그리고 이미 농업이 정착된 지역은 기후 변화에 점차 대응해나갔다는 것이 이를 잘 보여줍니다.

지금으로부터
2천 년 전까지의
홀로세 후기

현재로부터 약 4200년 전에 발생한 급격한 기온 하강은 홀로세 중기에서 후기로의 전환점입니다. 많은 증거를 통해 뒷받침된 이 사건, 즉 급격한 기온 하강은 2018년 이후 홀로세 시기를 나누는 공식적인 기준이 되었습니다. 이 분기점은 모든 대륙에 흩어져 있는 다양한 퇴적물에서 확인됩니다. 지질학자들은 홀로세 후기로 넘어가는 기준을 보여주는 것으로 인도 메갈라야 주에 위치한 마움루 동굴의 석순을 꼽았습니다. 노드그리피움 다음에 오는 이 홀로세 후기를 '메갈라야기'라는 명칭으로 부르는 것은 이러한 이유 때문입니다.

8200년 전 한랭화의 원인이 비교적 잘 밝혀진 것에 비해, 4200년 전에 기온이 갑자기 떨어진 이유는 아직 분명하게 밝혀지지 않았습니다. 얼음에서 녹은 대규모의 차가운 물이 북대서양으로 흘러들어 갔다든가, 화산이 활발하게 활동했다든가, 대기 중 이산화탄소 농도가 크게 변화했다든가 같이 이러한 변화의 이유로 꼽을 수 있는 확실한 흔적을 찾아볼 수 없습니다. 고위도 북반구에서는 빙하가 다시 증가했으며, 중위도와 저위도에서는 지속적인 가뭄이 일어났습니다.

고기후학자들과 일부 고고학자들은 4200년 전 기온 하강 사건이 농업 문명에 중대한 영향을 끼쳤을 것이라고 추정합니다. 이에 따르면 이집트 고왕국(기원전 2700~2200년)의 종말은 이전까지 주기적으로 일어났던 나일강의 범람이 빈번하게 중단되었기 때문에 발생했습니다. 인더스 지역 또한 상당한 피해를 입었지만, 그럼에도 기원전 1700년까지는 버틸 수 있었습니다. 초기 농업 문명의 발생지 중 하나였던 메소포타미아 지역은 극심한 가뭄으로 인해 직격탄을 맞았습니다. 현재와 비교할 때, 4000년 전에 평균 강수량은 상당히 줄어들었으며, 사해의 수위는 6000년 전에서 2000년 전 사이에 내려갔는데, 그중에서도 4200년 전에 최저점을 기록했습니다.

오랜 기간 지속된 가뭄은 의심의 여지없이 메소포타미아 농업에 중대한 영향을 끼쳤습니다. 그러나 이것이 메소포타미아 최초의 제국인 아카드 제국의 몰락을 설명할 수 있는지에 대해서는 논쟁의 여지가 있습니다. 메소포타미아 북부 지역에 위치한 하부르강 인근의 다수의 정착지가 버려진 것은 중요한 단서가 됩니다. 이 시기 텔 레일란(하부르강의 분지에 위치한 아카드 유적)의 정착지 구조물들은 1미터에 가까운 진흙층에 파묻혔는데, 이는 바람에 날린 퇴적물에 의한 것으로 추정됩니다. 일찍이 이 진흙층이 화산재일 수도 있다는 가설이 제기되었으나, 증거로 뒷받침되지는 못했습니다. 또한 글로 남겨진 자료를 보면 남쪽 지역으로 대규모 난민이 유입된 흔적을 확인할 수 있는데, 북부 부족에서 찾아볼 수 있는 이름들이 갑자기 남쪽 도시의 점토판들에 많이 기록된 것이 보입니다.

그러나 모든 고고학자들이 급작스러운 기후 변화의 영향에 동의하는 것은 아닙니다. 또 다른 설명에 따르면, 아카드 제국은 바빌로니아 도시들 간 불화를 포함해 이란의 마르하시, 자그로스 산맥의 구티족, 시리아 북쪽의 아모리인과 같은 외부의 적들과 갈등을 빚은 결과 몰락했습니다. 게다가 이 모든 갈등들은 문헌에 그 증거가 남아 있습니다. 물론 이런 주장을 하는 고고학자들도 기후 요인을 완전히 배제하는 것은 아닙니다. 예를 들면 가뭄이 아카드 제국 내부의 긴장을 야기했거나, 혹은 가뭄이 다른 방식으로 제국의 몰락을 초래했을 가능성이 있기 때문입니다.

이들은 적어도 이른바 4200년 전 기온 하강 사건이 어떠한 방식으로 농업 생산에 영향을 끼치고 아카드 제국의 지배 구조를 붕괴시켰는지 명확하게 알 수 없는 한 기후 변화 때문에 제국이 몰락했다고 설명하는 것은 유의미한 통찰을 제공하지 못한다고 보았습니다. 더욱이 농업 생산 자체가 완전히 붕괴했다고도 볼 수 없습니다. 아카드 제국이 몰락한 이후에도 메소포타미아 지역에서 농사가 대규모로 행해졌기 때문입니다.

홀로세 후기는 지금으로부터 약 4000년 전부터 19세기에 이르기까지 기후의 궤도적 요인에 따른 기온 하강 경향을 보입니다. 물론 이러한 와중에도 간헐적으로 보다 따뜻하거나 보다 추운 시기가 반복되었습니다. 3800년 전부터 3500년 전까지의 초기 청동기 시대에는 추운 시기가 찾아왔으며, 이후 2950년 전까지 비교적 따뜻한 시기가 찾아왔습니다. 현재로부터 2400년 전, 즉 청동기 시대에서 철기 시대로의 전환기에는 이전보다 더 추운 시기가 찾아왔습니다. 지난 2000년 동안에도 이와 같이 다채로운 기후의 변화를 찾아볼 수 있습니다. 그러나 우리가 훨씬 더 많은 지식을 가지고 있다는 점에서 지난 2000년의 시간은 그 이전의 시간과 다릅니다. 따라서 이 시점부터 기후사의 새로운 장이 시작됩니다.

3.
산업화까지의
2천 년

지난 2천 년 동안 지구의 온도 경향성

지난 2000년의 기후사는 기후 변동을 재구성하는 측면, 그리고 기후와 사회의 상호 작용 측면에서 이전의 시기보다 잘 연구되어 있습니다.

　2019년 기후학자들로 구성된 '페이지 2k 그룹PAGES 2k Network'은 지난 2000년 동안의 지구 기온을 재구성한 자료를 발표했으며, 이로 인해 이때까지 통용되던 기후에 대한 이해가 보다 명확해졌습니다. 이 자료는 전 세계적으로 다양한 프록시를 기반으로 한 692개의 재구성 데이터를 종합한 것인데, 나이테와 열대 산호에 대한 자료가 주를 이룹니다(그림 4a). 물론 이런 유형의 연구가 언제나 그러하듯이 시간적, 공간적 분포에 다소의 불균형이 존재합니다. 공간

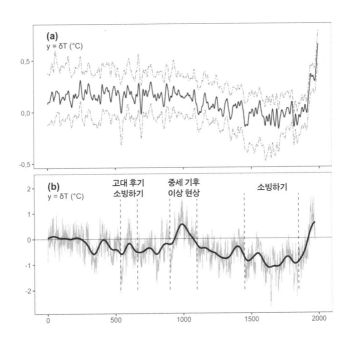

[그림 4] 지난 2000년 동안 세계의 온도:
(a) 전 세계의 평균 온도: 1961~1990년 비교 기간의 평균과의 편차(검은 선은 30년 중간값 필터, 회색 선은 95% 신뢰 구간을 표시), (b) 열대 지역 외 북반구의 온도 변동: 1880~1960년 비교 기간의 평균과의 편차(검은 선은 50년 변동 평균, 회색 선은 연간 변동을 표시)

적으로는 지금까지와 마찬가지로 북반구를 중심으로 재구성한 자료가 많습니다. 아프리카 대륙과 같이 재구성 자료가 아주 적거나 아예 없는 지역도 존재합니다. 시간적으로는 현재에 가까워질수록 재구성 자료 또한 밀도 있게 존재합니다. 따라서 기원후 1000년 이후의 전 세계 평균 온도가 그전까지의 전 세계 평균 온도보다 더 신뢰할 만합니다.

이런 한계에도 불구하고 페이지 2k 그룹의 데이터는 신뢰성 있는 결과를 보여줍니다. 기후 변화 시나리오와의 일치도 또한 높습니다. 이에 따르면 수십 년간의 더 추운 시기는 일련의 화산 폭발과 시기적으로 일치합니다(그림 5b). 화산 활동이 잠잠해지면 따뜻한 시기가 뒤따랐습니다. 이 자료로 산업화 이전의 역사적 시간 척도에서는 화산이 가장 중요한 기후 변화의 동인이었음이 확인됩니다. 이에 반해 태양 활동의 변동은 상대적으로 덜 중요한 역할을 했습니다(그림 5a). 또한 산업화 이전에도 대기 중 온실가스의 변화는 기후에 영향을 미쳤지만, 이 변화의 원인이 무엇인지에 대해서는 아직 명확하게 밝혀지지 않았습니다.

20세기에 인류가 초래한 기후 변화를 제외하고 본다면, 기원후 1000년까지의 시기가 그 이후보다 따뜻했습니다. 이는 대륙 지역의 대기 온도뿐만 아니라 해양 지역에서도 유효합니다. 즉, 홀로세 중기 이후의 자연적 온도 하강

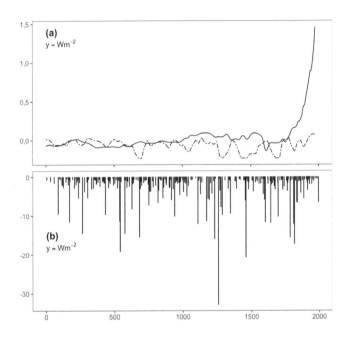

[그림 5] 지난 2000년 동안의 외부 기후 동인:

(a) 태양 복사 변화와 대기 중 온실가스 농도의 영향,

(b) 화산 활동이 전 세계 복사 균형에 미친 영향

((b)의 y축은 (a)에 비해 약 20배 축소되어 있음)

경향은 계속 이어졌으며, 이 경향은 20세기에 와서 '인간의 손에 의해서' 마침내 뒤집어졌습니다. 20세기의 온난화는 모든 측면에서 예외적인 현상입니다. 20세기의 온난화는

지난 2000년 동안 수십 년에 걸쳐 일어났던 다른 어떠한 온난화들보다 약 3배 더 강력합니다. 여기에는 온실가스의 인위적인 방출이 결정적인 역할을 했으며 다른 자연적 요인들은 뒤로 밀려났습니다.

1850년 이전의 시기에 대해서 체계적인 측정이 시작되었고, 불과 몇십 년 전부터 특정 기후 변동의 윤곽이 재구성되기 시작했습니다. 학자들은 '중세 기후 이상 현상'이나 '소빙하기' 같은 명칭을 도입하여 열대 지역을 제외한 북반구, 특히 유럽과 북아메리카 지역의 고기후학 재구성 자료에 의존해 연구했습니다. 그러나 다른 지역, 특히 남반구에 대한 자료가 밝혀질수록 전 세계 평균 기온 그래프는 점차 평탄해졌습니다. 20세기의 지구 온난화와는 다르게 이전의 더 따뜻하거나 더 추웠다고 생각했던 시기들은 대부분 장기적인 기온 하강 추세에 편입되었습니다. 따라서 이전에 통용되던 시기 구분을 현재에도 사용하기에는 미심쩍은 구석이 많습니다. 국제 층서학 위원회International Commission on Stratigraphy의 규정에 따라 정해진 홀로세의 세부적 시기 구분과는 달리, 지난 2000년에 대해 여러 가지 이름이 붙은 기후 변동은 표준화된 명칭이 아닙니다.

그럼에도 불구하고 이런 명칭들을 임시로나마 사용해야 할 최소한 두 가지 이유가 있습니다. 첫 번째 이유는 '소빙하기' 같은 개념이 기후 변화의 연대기를 기억하는 데 유용한 도구로 이미 자리 잡아서, 그 자체로 풍부한 연구사를 가지고 있다는 것에 기인합니다. 두 번째 이유로는 현재 지구의 인구 대부분이 전 세계 육지의 70%를 차지하는 북반구에 거주하고 있다는 점을 꼽을 수 있습니다. 그러므로 북반구 데이터를 중심으로 한 연구는 여전히 의미 있고 유용합니다. 오래된 연구뿐만 아니라 최근의 연구에서도 열대 지역을 제외한 북반구에서 보다 따뜻한 시기와 보다 추운 시기가 분명하게 나타나며, 이는 전통적인 개념을 토대로 대략적인 시기 구분을 가능하게 해줍니다.

로마 기후 최적기와
고대 후기 소빙하기

지난 2000년의 기후사는 북반구의 경우 비교적 따뜻한 시기와 함께 시작됐습니다. 이 시기에 태양의 활동은 특별한 영향을 끼치지 못했으며, 그보다는 화산 활동이 약했던 것이 주요했습니다. 따라서 중세 기후 이상 현상과 마찬가지로 '로마 기후 최적기'의 경우에도 외부 요인의 측면에서는 일종의 '휴식기'에 해당했다고 할 수 있습니다(Raymond S. Bradley). 기원후 초기에는 안정적이고 따뜻한 기후가 이어졌고, 기원후 3~5세기에는 기후의 변동성이 더 강해졌습니다. 6세기에는 화산이 기후의 역사에 영향을 끼치기 시작했습니다. 536년에 일어난 화산 폭발은 수십 년에 걸친 기온 하강을 불러왔을 정도로 그 영향력이 강력했는데, 이와 같은 현상은 지난 2000년의 역사에서 유례가 없는 것이었습니다.

최근에는 536년부터 660년까지를 '고대 후기 소빙하기'로 규정하자는 제안이 등장했습니다. 이와 같은 제안은 주로 오스트리아의 알프스와 러시아의 알타이 지역 나이테 분석의 결과에 기반합니다. 이들은 '고대 후기 소빙하기'라는 명칭이 '암흑 한랭기**Dark Ages Cold Period**' 같은 명칭을 대체할 수 있다고 주장하는데, 암흑 한랭기와 관련해서는 이전까지 기원후 300~800년, 400~765년 등 다양한 시기 구분이 제안되었습니다. 이는 최근의 고기학 연구, 특히 나이테 분석에 따른 수목연대학이 고대와 고대 후기의 기후사 연구에서 얼마만큼이나 새로운 질서를 불러올 수 있는지 보여줍니다.

그러나 '고대 후기 소빙하기' 역시 아직까지 이견 없이 받아들여진 것은 아닙니다. 몇몇 학자들은 이 시기를 660년까지 확장하기보다는 '536년에서 550년'으로 보다 엄격하게 제한하는 것을 선호합니다. 그렇다면 이는 '아주 작은 빙하기'일 것입니다.

어쨌든 고대 기후 연구가 최근 들어 역동적으로 이루

어지고 있다는 것은 분명합니다. 기후의 영향에 관한 논의 또한 활발하게 이루어지고 있습니다. 18세기까지 이어지는 아주 긴 전통을 자랑하는 '로마 제국의 몰락'에 관한 논의 역시 한동안 잠잠했었는데 최근 들어 다시 부상하고 있습니다. 이미 19세기 초반에도 로마 제국 말기에 비교적 따뜻한 시기와 이에 뒤따르는 추운 시기의 교차가 있었다고 알려져 있었는데, 많은 이들이 이를 로마 제국의 흥망성쇠와 곧바로 연결시켰습니다. 그러나 지리학자 엘즈워스 헌팅턴 **Ellsworth Huntington, 1876~1947**은 이와 같은 이해 방식이 지나치게 기후 결정론적 논거에 의지하고 있다고 지적했습니다. 그의 지적이 타당하다고 받아들여졌기 때문에 로마 제국의 흥망성쇠와 기후를 연결시키는 주장은 정작 역사학자들 사이에서는 한 번도 주류가 되지 못했습니다.

그럼에도 불구하고 최근 미국의 고대 사학자 카일 하퍼**Kyle Harper**가 다시 한 번 '로마의 운명'과 기후 가설을 연결시켰습니다. 하퍼는 로마 기후 최적기에서 고대 후기 소빙하기로의 이행은 안토니우스 역병(165~180/190년), 키프로스 역병(250~270년), 유스티니아누스 역병(541~549년)과 같은 대규모 전염병 발생과 함께 로마의 몰락에 결정적으로 기여했다고 주장하였습니다. 이 주장의 핵심은 로마 기후 최적기의 따뜻하고 습했던 기후가 로마의 팽창을 결정적으로 촉진시켰다는 것입니다. 하퍼는 특히 농업 면적의 확장으로 상당한 규모의 인구 성장에 유리한 조건을 조성했다고 보았습니다. 인구는 로마의 기적을 위한 결정적인 전제 조건이었으며, 기후는 로마가 통치하는 영토를 거대한 온실로 만들었습니다(Harper, Fatum, S. 89). 하퍼에 따르면, "제국의 빵 바구니"였던 이집트는 밀 생산에 유리한 조건을 가지고 있었습니다. 나일강의 범람은 기원전 30년부터 기원후 155년까지 대부분 정상적으로 이루어졌고, 이는 나일강의 수원이었던 에티오피아와 동부 및 중앙아프리카 지역의 강수량이 안정적이었다는 것을 알려주는 간접 증거입니다.

하퍼는 이같이 유리한 기후 조건이 로마를 의존적으로 만들었으며, '최적기' 이후에 지중해 지역 기후가 더 서늘하고 전체적으로 건조하게 바뀌면서 부메랑이 되어 돌아왔다고 주장합니다. 농산물 공급 확대를 위해 필수적이었던 개간은 기후가 바뀌자 치명적인 결과를 불러왔습니다. 개간은 토양의 침식과 국지적인 강우의 반복을 야기했습니다. 게다가 제국 전체에서 인구가 증가하면서 새로운 인구 집중 지역이 등장했는데, 이는 치명적인 전염병의 발생과 확산을 위한 조건이 되었습니다. 따라서 하퍼가 보기에, 로마의 기적은 곧 악몽으로 바뀌었습니다.

하퍼의 관점은 생태학 고유의 특정한 법칙성을 전제합니다. 로마는 환경이 유리할 때 지나치게 무리했다는 것입니다. 즉, 환경이 유리할 때 자연 자원을 무분별하게 개발했으며, 그 결과 기후 조건이 악화될 때 체제가 무너질 기반을 스스로 만들어낸 것이나 다름없는데, 이것이 역사 속에서 실제로 일어났다는 것입니다. 그러나 생태학적 한계에 대한 가정에 기반하고 있는 하퍼의 모델은 실제로 로마 제국의 팽창과 몰락에 생태학적 요인이 얼마만큼 작용했는지 측정할 수 있는 정확한 척도가 존재하지 않는다는 문제점이 있습니다.

이와 더불어 생태학적 결과들이 로마 제국의 몰락에 기여했다고 이야기할 때 일반적으로 떠오르는 정치적 과정들에 구체적으로 어떻게 영향을 끼쳤는지 역시 분명하지 않습니다. 디오클레티아누스 황제의 통치기(284~305년) 동안 로마 제국은 서부(로마)와 동부(비잔티움)의 2개 행정 단위로 나뉘었습니다. 이와 같은 조치는 어려운 시기에 제국을 안정시키기 위해 취해진 조치 중에서도 그 영향력이 가장 광범위한 것이었습니다. 이후 콘스탄티누스와 테오도시우스 1세를 거치며 콘스탄티노폴리스로 이름이 바뀐 비잔티움은 황제의 거처가 되었을 뿐만 아니라 제국의 중심이 되었습니다. 서쪽 지역의 영토는 5세기를 거치며 몰락했고, 오늘날의 이탈리아 지역으로 국한되었습니다. 북쪽에서 거듭되는 '야만인'의 침입, 즉 게르만족의 침입은 서쪽 제국의 국경을 점점 불안정하게 만들었으며 종국에는 무너트리고 말았습니다. 이와 같은 일명 '민족 대이동'은 지금까지도 서로마 제국 몰락의 원인 중 하나로 꼽히는데, 과거에는 민족 대이동 역시 기후 변화의 맥락 속에서 설명하려는 시도들이 반복적으로 일어났습니다.

마침내 476년에는 서로마 제국의 장군 오도아케르가 마지막 황제 로물루스를 폐위시켰으며, 이는 공식적으로 '로마의 종말'로 여겨집니다. 이에 반해 동쪽의 로마 제국, 즉 비잔티움 제국은 약 1000년 동안 더 존속했으며, 1453년 오스만 제국이 콘스탄티노폴리스를 점령하면서 비로소 멸망했습니다.

536년에 시작된 일련의 '서늘한 여름'을 초래하고, 추측컨대 지난 2000년 동안 가장 기온이 낮았던 10년을 불러온 화산 폭발은 이전에 알려진 어떤 화산 폭발과도 연관을 지을 수 없습니다. 그러나 빙핵을 연구한 결과에 따르면, 북반구에서 심각한 화산 분출이 일어났음은 분명합니다. 또한 비잔티움의 역사학자 프로코피우스(약 500~560년)가 남긴 자료나 로마 제국의 원로원 의원이자 집정관을 지냈던 카시오도루스(약 485~580년)가 주고받았던 편지 등 동시대 기록은 536년, 혹은 537년 여름의 햇빛이 어두웠다는 것을 알려줍니다. 이 시기 중국, 일본, 한국의 기록들도 화산 폭발로 초래된 대기 변화가 있었음을 보여줍니다. 게다가 얼마 후인 540년에 아메리카 중부의 일로팡고 화산이 폭발한 사건은 더욱 심각한 일이었습니다. 마지막으로 547년에는 비록 규모는 이전의 두 차례에 비하면 약했지만 또 다른 화산 폭발이 일어났습니다.

이와 같은 사건들이 기후에 어떤 영향을 끼쳤을지는 1991년 피나투보 화산 폭발 때 이루어진 현대적 관측에 기반해서 보다 잘 모델링할 수 있습니다. 북반구 대부분의 지역에서 여름 기온이 1~3년 동안 하락하고, 바다의 기온이 이보다는 느리게 하락해 북극 지역에서 빙하가 확장되는 현상은 6세기에도 마찬가지였을 것입니다. 게다가 세 차례의 화산 폭발이 연달아 일어난 것은 바다의 기온이 내려가는 효과를 장기화했을 것입니다. 연속된 화산 폭발은 동시에 해양과 대기의 열 교환을 통해 북반구의 내륙 근처 기온에도 영향을 끼쳤을 것입니다.

유스티니아누스 역병은 동로마 제국의 황제 유스티니아누스의 이름을 따라 명명되었습니다(유스티니아누스의 재위 527~565년). 유스티니아누스는 반달족, 그리고 동고트족과 싸워 옛 서로마 제국의 광활한 영토를 정복하였습니다. 이로써 로마 제국의 동쪽과 서쪽 지역 모두를 재건하는 데 성공했습니다. 그러나 이 상태는 유스티니아누스 황제의 죽음 이후에 깨졌습니다.

536년, 혹은 537년부터 550년까지 이어진 화산 폭발로 인한 기온 하강은 공교롭게도 로마 제국의 정치적 전환기와 그 시기가 일치했습니다. 로마의 정치적 혼란은 거듭된 전쟁과 대규모 건축 공사로 국고가 탕진된 데에서 기인했습니다. 539년, 혹은 540년에는 강가르족이 동로마 영토를 침략했으며, 540년 봄에는 페르시아의 사산 왕조가 대군을 이끌고 공격해왔습니다. 얼마 후에는 재위에 막 오른

고트족의 왕 토틸라(재위 541/542~550년)가 반격을 해왔습니다. 541년에는 이집트에서 시작된 역병(페스트)이 콘스탄티노폴리스까지 퍼지기 시작했으며 543년에 제국 전체에 확산되었고, 이후 비잔티움 제국과 그 너머의 지역에서 풍토병으로 남았습니다. 이 역병은 8세기 중반 이후 유럽에서 완전히 사라질 때까지 반복적으로 창궐했습니다.

536년, 혹은 537년에서 550년 사이의 기후 이상 현상이 로마 제국의 몰락에 구체적으로 어떤 역할을 했는지는 불분명합니다. 역병으로 인한 흉작과 기근으로 전 인구의 면역력이 약화되었을 것이라는 추측은 충분히 가능하지만, 명확하게 입증되지는 않았습니다. 이 지역에서의 추운 기후 조건이 병원균의 확산을 촉진했을 것이라는 추측 역시 마찬가지로 입증되지 않았습니다.

사람들은 536년부터 7세기 중반까지 이어지는 고대 후기 소빙하기 가설에 여러 가지 추가적인 가설도 연결시켰습니다. 예를 들어 소빙하기가 6세기와 7세기 아시아 스텝(초원)과 중국 북부, 튀르키예, 그리고 몽골 지역에 어떠한 영향을 끼쳤을지에 대한 여러 추측들이 있습니다. 어쨌든 새로운 기후 정보, 그중에서도 특히 나이테 분석을 통해 얻은 정보가 고대사 및 후기 고대사 연구에 중요한 자극을 주었다는 점은 분명합니다. 그러나 현재로서는 이 연구들의 결과를 예측할 수 없으며, 신뢰할 만한 결론도 아직까지는 부재합니다.

중세 기후
이상 현상

1960년대 들어 고기후학과 역사적 기후 연구가 발전하면서, 여러 정황이 중세 성기High Middle Age(11~13세기)에 비교적 온화한 기후가 지배적이었을 것이라는 점을 시사했습니다. 1965년에 기후학자 휴버트 램은 이런 추세를 따라 기원후 1000~1200년까지를 '중세 온난기'로 분류할 것을 제안했습니다. 이런 명칭을 뒷받침할 수 있는 온도 재구성은 대부분 지리적으로 유럽, 특히 영국 제도와 관련된 것인데, 이시기 이 지역의 연평균 기온은 장기 평균보다 1~1.5℃ 높았습니다.

중세 잉글랜드의 여러 지역에서 와인을 만들기 위한 포도 재배가 이루어졌다는 것은 기후를 연구하는 좁은 범위의 학계를 넘어 많은 관심을 끌었습니다. 특정 이해집단들은 이를 자신들의 주장, 즉 중세의 기온이 심지어 20세기 기온보다도 높았다는 주장을 뒷받침하는 증거로 내세웠습니다. 그러나 이러한 주장은 이미 오래전에 온도 재구성을 통해 반박되었습니다. 게다가 언제나 그렇듯이, 이와 같은 광범위한 주장은 포도 재배와 같은 개별적인 사실만으로는 제기될 수 없습니다. 개별적인 사실들은 역사적 맥락 속에서, 그리고 다른 사실들과의 비교 속에서 고려되어야 하며, 그렇게 할 때 비로소 기후사적 의미를 파악할 수 있습니다.

중세 잉글랜드에서의 포도 재배는 오로지 성찬 포도주를 만들기 위해 이루어졌습니다. 이에 반해 중세 잉글랜드의 일상적 와인 수요는 프랑스, 스페인, 이탈리아 지역에서의 수입을 통해 해결되었습니다. 지역적으로 봤을 때 잉글랜드의 포도 재배는 가장 따뜻한 남동부에 국한되었으며, 1086년의《둠스데이 북》에는 40개의 포도원이 기록되어 있습니다.

15세기 들어 잉글랜드의 포도 생산이 갑자기 감소한 것은 당시 여름의 서늘하고 습한 기후 조건보다는 중세 흑사병이 노동력과 임금에 끼친 영향과 보다 밀접한 관련이 있습니다. 흑사병으로 인한 사망률 증가는 노동력 부족을 초래했고, 이에 임금이 상승했으며, 그 결과 잉글랜드의 포도 재배는 수지가 맞지 않게 되었습니다. 그러다 16세기 초에 포도 재배가 재개되었는데, 헨리 8세(재위 1509~1547년) 통치기에 포도원의 수는 139개로 늘어났습니다.

이처럼 경제적 요인과 기후적 요인의 상호 작용은 매우 복잡했으며, 따라서 중세 잉글랜드에서 포도가 재배되었다는 사실 하나로부터 어떠한 기후사적 결론을 이끌어낼 수는 없습니다. 오히려 프랑스의 주요 와인 생산 지역이었던 부르고뉴와 보르도의 와인 수확 정보를 통계적으로 분석하면 과거 수백 년간의 온도 변화를 보다 잘 재구성할 수 있습니다.

1965년 이후 램이 고안한 중세 온난기 개념에 대한 몇몇 수정이 이루어졌습니다. 이것은 고기후학과 같이 비교적 새로우면서 급속도로 발전하는 분야에서는 전혀 놀라운 일이 아닙니다. 1999년 마이클 E. 만Michael E. Mann, 레이몬드 S. 브래들리Raymond S. Bradley, 말콤 휴즈Malcom Hughes는 북반구 지역 전체에서의 온도 재구성을 종합한 그래프를 발표했습니다. 이 그래프에서 중세 온난기의 흔적은 거의 찾아볼 수 없었습니다. 이 그래프에서 나타난 온도 변화는 일종의 하키 스틱 형태를 띠고 있습니다. 기온은 산업화 이전 전체 시기 동안 천천히 내려가다가, 그 끝, 즉 20세기 기후 온난화와 함께 갑자기 올라간 것입니다.

이 그래프의 발표로 일명 '하키 스틱 논쟁'이 촉발되었으며, 인류가 초래한 기후 변화를 부정하는 이들은 마이클 E. 만과 그의 동료들이 데이터를 조작했다고 주장했습니다. 이는 '중세 온난기'가 더 이상 실재하지 않는 것으로 드러남에 따라 이들의 가장 중요한 주장, 즉 지난 1000년 동안 인간이 영향을 끼치지 않은 온난기가 있었다는 주장이 힘을 잃게 되었기 때문입니다.

인류가 초래한 기후 변화를 부정하는 이들은 중세 온난기를 통해 20세기의 온난화도 인류가 초래한 것이 아니라 자연적인 것일 수 있다고 주장해왔습니다. 그러나 이런 주장에는 어떠한 논리도 찾아볼 수 없습니다. 이전에 자연적인 원인으로 인한 온난화가 있었다고 해서 지금의 기후 온난화 역시 자연적인 것은 당연히 아니기 때문입니다. 자연적 기후 변화와 인류가 초래한 기후 변화의 차이를 구분하는 일은 특정 기간 동안 기후에 영향을 끼친 물리적 힘들을 과학적으로 평가하는 것에 달려 있습니다.

만, 브래들리, 휴즈의 하키 스틱 곡선은 통계 조작의 결과가 아닙니다. 그보다는 램과 비교했을 때 수적으로 더 많은, 그리고 지역적으로도 보다 골고루 분포되어 있는 온도 재구성 자료를 이용한 결과물이었습니다. 최근의 모든 온도 재구성 자료, 가장 최근에는 페이지 2k 그룹의 발표 결과도 하키 스틱 그래프가 옳았다는 것을 보여줍니다. 이에 따르면 전 지구적으로 유효한 중세 온난기는 존재하지 않았습니다. 그러나 램의 재구성 역시 틀린 것은 아니었으며, 그보다는 그 유효성이 공간적으로 아주 제한적이었다고 말하는 것이 맞습니다. 그는 자신의 연구에서 확인된 중세 온난기가 전 지구적 경향을 반영한 것이라고 추정했지만, 이 추정은 사실로 확인되지 않았습니다.

가장 최근의 연구에 따르면 10~13세기 북반구에서는 제한적인 지역, 주로 북대서양 지역에서만 비교적 따뜻한 기후 조건을 확인할 수 있습니다. 열대 태평양과 같이 세계의 다른 지역에서는 같은 시기에 오히려 기온이 하락한 것으로 보입니다. 이와 같이 중세 온난기가 전 지구적으로 유효하지 않았기 때문에, 오늘날 대부분의 기후학자들은 중세 온난기 대신 '중세 기후 이상 현상'이라는 용어를 선호합니다.

지리적으로 범위를 넓히면 설명 또한 바뀝니다. 몇십 년 전까지만 해도 중세 온난기와 태양 복사 사이의 연관성에 대한 질문이 제기되었으나, 오늘날에는 '북대서양 진동'과 같은 기후 체계 내부의 동인이 중세 기후 이상 현상의 지역적 특성을 설명하는 데 중요한 역할을 한다고 여겨집니다. 북대서양 진동이란 북쪽의 아이슬란드 저기압과 남쪽의 아조레스 고기압의 압력 변동을 뜻하며, 이는 대기 중 열이 유럽으로 이동하는 데 중요한 역할을 합니다. 특히, 850~1100년 사이에는 화산 폭발, 온실가스, 태양 활동과 같은 외부 동인이 기후 변동을 설명하는 데 부수적인 역할만 했습니다. 이 때문에 레이몬드 S. 브래들리 같은 기후학자는 '중세의 조용한 기간Medieval Quiet Period'이라는 용어를 사용하기도 했습니다. 따라서 이 시기에는 기후 체계 내부의 변동성이 어째서 특정 지역에서 수십 년간 따뜻한 시기가 지속되었는지를 가장 잘 설명할 수 있습니다.

북대서양의 온난한 기후 이상 현상은 바이킹족의 팽창을 촉진했습니다. 바이킹족은 처음에는 아이슬란드로,

그 이후에는 그린란드로, 그리고 마침내는, 아주 짧은 시기 동안이기는 했지만, 북대서양의 뉴펀들랜드 섬까지 진출했습니다. 우리가 현재 알고 있는 노르웨이인들은 아메리카 대륙에 도착한 최초의 유럽인이었습니다. 이들은 1000년경 아메리카 대륙에 도착해서, 짧은 시기 동안이기는 하지만 정착지를 이뤄냈습니다. 이 정착지는 1959년 노르웨이의 고고학자 부부인 안네 스티네 잉스타드Anne Stine Ingstad, 1918~1997와 헬게 잉스타드Helge Ingstad, 1899~2001에 의해 캐나다의 랑스 오 메도즈(뉴펀들랜드 섬 최북단에 있는 고대 유적지)에서 발견되었습니다.

바이킹족은 그린란드에서 출발해서 북아메리카 해안에 도착했습니다. 에이리크 힌 라우디 토르발드손(950~1003년경)은 살인 혐의로 아이슬란드에서 추방되어 980년경 그린란드를 탐험하기 위해 항해를 떠났습니다. 그는 985년 14척의 배를 이끌고 그린란드에 정착했습니다. 다양한 사료에서 드러나는 선원의 수와 이 시기 바이킹족의 배를 참고하면, 초기에는 500~1500명의 사람들로 구성되었을 것이라는 추측을 가능케 합니다. 이들은 '동쪽'과 '서쪽'으로 불리게 된 2개의 정착지를 발전시켜나갔습니다. 인구는 빠른 속도로 증가했고, 최전성기인 12세기에는 두 정착지에서 2000~3000명의 사람들이 살았을 것으로 추정됩니다.

그린란드라는 이름은 '녹색의 땅'을 의미하지만, 사실 그린란드가 북극권에 가깝다는 것을 생각한다면 지나치게 긍정적인 표현입니다. 그렇다면 아이슬란드를 떠나온 노르웨이인들이 어째서 이 척박한 곳에 정착했을까요? 지난 20여 년간의 연구는 이에 대한 새롭고 매우 놀라운 답을 찾아냈는데, 바로 바다코끼리의 상아 무역이었습니다. 여러 문헌에 사람들이 바다코끼리 사냥을 위해 떠났던 여정에 대한 중요한 단서가 남아 있습니다.

그러나 바다코끼리 상아 무역의 의미와 규모는 지난 20년 전에 이르러서야 진지하게 인식되고 논의되기 시작했습니다. 트론헤임, 베르겐, 오슬로, 더블린, 런던, 슐레스비히, 시그투나 같은 중세의 무역 중심지에서 발견된 900년에서 1400년 사이 것으로 알려진 상아의 DNA를 분석한 결과에 따르면, 1100년경 유럽의 시장 전역에 그린란드와 캐나다에서 온 바다코끼리의 상아가 공급되었습니다. 장인들은 장식품, 의류를 비롯해 체스 말과 같은 일상 용품을 제작하는 데 바다코끼리의 상아를 사용했습니다. 이에 따라 현재는 바다코끼리의 상아 무역이 노르웨이인들이 아이슬란드와 그린란드로 진출한 가장 주요한 동기로 여겨지고 있습니다. 추정에 따르면 바다코끼리는 아이슬란드 해역에서 점차 씨가 말랐고, 그 결과 바이킹들은 계속해서 새로운 사냥터를 개척해나갔는데, 마침내는 뉴펀들랜드 해안까지 진출했습니다.

1000년경의 유리한 기후 조건은 바이킹들에게 그린란드에 정착할 기회를 제공했습니다. 즉, 새로운 농경지를 개척하는 것이 아니라 상아라는 자원이 주요 동기였던 것입니다. 교회는 1126년 가다르에 교구를 설립했으며, 1261년에는 그린란드인들이 노르웨이 왕의 지배를 인정했습니다. 심지어 그들은 왕과 교회에 대한 세금까지도 바다코끼리의 상아로 납부했습니다.

한편 그린란드의 바이킹 정착지가 언제, 그리고 어떻게 몰락했는지는 18세기 이후 꾸준히 제기된 질문이었습니다. 1721년 선교사 한스 에게데Hans Egede, 1868~1758는 그린란드의 바이킹을 찾기 위해 탐험에 나섰습니다. 그가 마침내 찾아낸 것은 이누이트들이 보여준 바이킹 정착지의 흔적이었습니다. 에게데는 이미 이때 노르웨이인과 이누이트의 심각한 충돌과 같은 요인 외에도 기후가 노르웨이인들에게 큰 영향을 미쳤을 가능성을 염두에 두었습니다. 연구 결과에 따르면, 실제로 1000년경 바이킹들이 2개의 정착지를 꾸렸을 때 기온이 일시적으로 상승했다가 다시 하강하였습니다. 첫 번째 기온 하강은 1250년 이후 시작되었으며, 1400년 이후에는 보다 명확하고 지속적인 기온 하강이 뒤따랐습니다. 이에 따라 노르웨이인들의 서쪽 정착지는 1350년부터 1400년 사이에 붕괴했으며, 1450년에는 동쪽 정착지 역시 버려졌습니다.

사실 1980년대까지도 고고학자들은 그린란드의 노르웨이인들이 그들의 농업적 보수주의 때문에 몰락했다고 확신했습니다. 이들에 따르면, 그린란드에 정착한 노르웨이인들은 너무 오랫동안 농경에 집착했습니다. 또한 가축을 늘리기 위한 노력과 육류에 기반한 식단을 유지하는 것을 고집하다가 변화된 기후 조건에 성공적으로 적응할 기회를 놓쳤습니다.

제레드 다이아몬드Jared Diamond, 1937~는 자신의 영향력 있는 대중서 《문명의 붕괴》에서 바이킹들이 스스로 몰락을 자초했다고 주장하기까지 했습니다. 다이아몬드에 따르면,

바이킹들은 이누이트들로부터 새로운 사냥 기술을 배우고 바다코끼리나 생선을 통해 식량을 보충하기보다는 전통적 농업을 강화하면서 새로운 환경문제를 일으켰습니다. 그리고 기온이 하락하면서 빙하화가 확대되고 아이슬란드와 북대서양 지역으로 향하는 해로가 차단되자, 마침내 자신들의 정착지와 함께 몰락했다는 것입니다.

하지만 다이아몬드의 주장은 최근 들어 근본적으로 수정되었습니다. 인간의 유골에서 발견된 탄소 동위 원소에 관한 새로운 조사 결과는 11세기와 15세기 사이에 해양성 단백질의 섭취 비율이 꾸준히 증가했다는 것을 보여줍니다. 즉, 그린란드의 바이킹들은 가축에 의존한 전통적인 식단에서 벗어나 바다에서의 사냥을 통해 점점 더 많은 식량을 충당했던 것입니다. 실제로 북쪽에 위치한 여러 작은 농장들에서 발견된 폐기물 더미에서 60~80%의 뼈가 바다코끼리의 것으로 확인되었습니다. 심지어 농업 방법에 있어서도 기후에 맞춰 몇 가지 중요한 변화가 일어났습니다. 따라서 이 지역 정착민들은 변화된 기후 조건에 적응하지 못해서 몰락한 것이 아니라, 이런 적응에도 불구하고 몰락한 것이었다고 보는 것이 적절합니다.

그들의 몰락은 또한 단순히 14세기부터 시작된 '소빙하기'만이 아니라, 같은 시기 유럽의 상아 시장에서 등장한 경쟁으로부터도 야기되었을 것입니다. 코끼리의 상아가 서서히 이 시장을 장악해나가면서, 북쪽에서 온 바다코끼리 상아의 가격은 더 이상 전처럼 높게 책정되지 않았기 때문입니다.

중세 기후 이상 기간에는 화산 활동과 같은 외부 요인이 지배적인 역할을 하지 않았기 때문에, 주로 내부의 변동성이 9세기에서 13세기 기후 변화에서 지역적으로 다르게 나타나는 차이를 설명해줍니다. 900년에서 1300년에 이르는 기간 동안 북아메리카 기후는 수차례의 장기 가뭄을 겪었습니다. 이런 가뭄은 예컨대 뉴멕시코와 애리조나 푸에블로족의 조상인 아나사지에 큰 영향을 미쳤습니다. 아나사지가 이른바 제2 푸에블로 시대(약 900~1150년)에 차코 캐니언과 기타 다른 지역에 건설한 다층 석조건물인 '그레이트 하우스'는 콜럼버스 이전 북아메리카 문화 중 가장 인상적인 유적으로 꼽힙니다. 이 유적들은 지금의 캘리포니아 주, 네바다 주, 유타 주, 콜로라도 주의 경계인 포 코너스 지역에 위치해 있습니다.

아나사지는 11세기 초에 옥수수 재배를 시작했으며, 이와 더불어 호박과 콩을 재배하면서 칠면조를 사육했습니다. 그들은 영리한 관개 시스템을 통해 농지를 관리했습니다. 그뿐 아니라 차코 캐니언과 인근의 마을들을 도로망으로 연결했는데, 이 도로망은 목재와 주요 식량의 원활한 공급을 가능케 했습니다.

그런데 1135년과 1180년 사이 아메리카 남서부에서 계절풍이 반복적으로 중단되었습니다. 이로 인한 가뭄은 이전까지 지속적으로 성장하고 있던 인구에 큰 타격을 주었는데, 인구 증가는 외부 지역에서 다른 집단들이 이주해 오면서 급격히 이루어진 상황이었습니다. 결국 가뭄으로 인해 1150년경에 차코 캐니언을 비롯한 정착지가 버려졌습니다. 고고학자들은 인구 추정치, 옥수수 생산 시뮬레이션, 그리고 차코 캐니언의 야생동물 자원의 감소 상황을 바탕으로 푸에블로 주민들이 점점 더 심각한 자원 부족에 직면했을 것이라는 결론에 도달했습니다.

일부 아나사지족은 차코 캐니언을 떠나 콜로라도의 메사 베르데로 이주했으며, 그곳에서 바위로 지은 집에 정착했습니다. 그러나 이 정착지 역시 1276년부터 1299년까지 지속된 가뭄으로 인해 또다시 버려졌습니다. 이때 이루어진 포 코너스 최후의 이주는 폭력의 흔적을 남겼으며, 식인 풍습의 증거 또한 찾아볼 수 있습니다.

소빙하기
(1450~1850년)

지난 2000년 동안 평균적으로 더 따뜻하거나 더 추운 기후가 찾아온 시기를 설명하기 위한 여러 용어 중 가장 먼저 확립된 것은 '소빙하기'인데, 이는 기후 연구뿐만 아니라 역사학에서도 그렇습니다. 소빙하기라는 개념 자체는 암스테르담에서 태어난 북미 지질학자 프랑수아 E. 마테스**François E. Matthes, 1874~1948**에 의해 1939년 처음으로 고안되었습니다. 다만, 이때 마테스가 말한 소빙하기는 홀로세 동안 있었던 다양한 빙하의 확장 시기를 가리키는 개념이었고, 오늘날 우리가 소빙하기라는 용어를 사용할 때 생각하는 중세 시기에 국한되지 않았습니다.

스위스 그린델발트의 빙하가 16세기 후반과 17세기

초반에 최대 범위에 도달했다는 사실은 이미 18세기 초에 알려져 있었습니다. 이 빙하는 지구 온난화가 본격적으로 시작되기 전인 1850년에 다시 한 번 최대 범위에 도달했습니다. 이에 따르면 소빙하기는 대략 1560~1850년으로 설정할 수 있습니다. 그러나 20세기의 빙하 연구는 이와 같은 시대 구분을 확인해내는 데 또다시 실패했습니다. 유럽 외부 지역의 내륙 빙하 연구를 거듭할수록, 지구의 서로 다른 지역에서 빙하의 최대와 최소 시기가 서로 일치하지 않는다는 것이 분명해졌기 때문입니다.

한편 이와 별개로 소빙하기의 시대 구분은 점점 빙하 연구에서 벗어나게 됩니다. 그 이유는 시간이 지나면서 여러 연구들이 체계적인 기온 측정이 이루어지기 전 시기의 온도를 재구성하는 데 점점 성공했기 때문입니다. 이렇게 재구성된 기온 변동 과정은 새로운 기준이 되었지만, 여기서도 이전의 빙하 연구와 같은 문제가 발생했습니다. 10~20년 전에 발표된 재구성 결과를 보면, 소빙하기가 전 지구적 현상이기는커녕 북반구에 국한된 현상이었던 것입니다. 물론 지리적으로 봤을 때, 소빙하기가 중세 기후 이상 현상보다는 범위가 넓다는 점은 확인되었습니다. 특히, 17

세기와 19세기 초반에는 일시적으로나마 전 세계에 영향을 미쳤는데, 이는 강력한 화산 활동과 태양 복사량의 감소가 동시에 발생했을 때 일어났습니다.

소빙하기의 끝이 19세기 중반이라는 데 연구자들의 의견이 대체로 일치하는 것과는 달리, 그 시작이 언제인지를 두고는 여러 가지 서로 경쟁하는 이론이 존재합니다. 북반구에서는 13세기 후반에 기온이 하락하는 경향이 발생했습니다. 그러자 몇몇 연구자들이 소빙하기의 시작을 이때로 볼 것을 제안했는데, 이에 따르면 인도네시아의 롬복 섬에서 발생한 사말라스 화산 폭발이 그 출발점이었습니다.

실제로 사말라스 화산 폭발은 홀로세 시대 전체를 통틀어 가장 강력한 폭발 중 하나였습니다. 북극과 남극의 빙핵에 간접적인 흔적을 남겼을 뿐만 아니라 수많은 문헌 기록에도 등장합니다. 예를 들어 잉글랜드의 기록을 보면, 화산 폭발 이듬해에 흉작이 일어났으며 식량 공급의 위기가 발생했다는 것을 확인할 수 있습니다. 최근에는 몽골이 1258년, 혹은 1259년에 현재의 시리아 지역 대부분을 정복한 것이 추워진 기후 조건 덕분이었다는 주장도 제기되었습니다. 이에 따르면 1260년 몽골이 아인 잘루트 전투에서 맘루크군에게 패배한 것 역시 기온이 다시 따뜻해진 영향입니다.

그러나 이와 같은 기온 하강 현상은 14세기 중반에 다시 역전되었습니다. 그럼에도 불구하고 14세기의 과도기적 기후에 대한 최근 몇 년간의 관심은 타당한 것이었습니다. 이 시기 북대서양 지역에서는 기후의 변동성이 매우 컸습니다. 잉글랜드 지역의 기후 재구성 결과에 따르면, 봄과 여름 동안 서늘하고 습한 날과 따뜻하고 건조한 날이 반복적으로 뒤따르는 것을 알 수 있습니다. 농업은 이와 같은 끊임없는 날씨 변화에 직격탄을 맞았습니다. 서늘하고 습한 여름으로 인한 흉작은 유럽 대부분의 지역을 휩쓴 1315~1317년의 '대기근' 발생에 본질적인 역할을 했습니다. 대기근으로 인한 집단 아사 사태는 이전까지 지속되었던 인구 증가와 경제적 번영의 시대가 끝나기 시작했다는 것을 의미했습니다. 1348~1350년에 발생한 '흑사병', 즉 페스트와 더불어 대기근은 중세 후기 역사의 중요한 전환점이 되었습니다. 기후는 이 두 가지 재앙뿐만 아니라, 잇따라 수차례 발생한 식량 위기와 페스트의 창궐에 핵심적인 역할을 했습니다.

그러나 1348~1350년에 유럽을 강타한 페스트가 그토록 치명적 영향을 미쳤다는 사실을 설명하기 위해서는 병원체가 면역력이 없는 인구를 직격했다는 것을 먼저 이해해야 합니다. 페스트의 출발점인 중앙아시아에서는 지역의 기후 조건이 전염병의 확산을 촉진했지만, 사실 유럽 자체에서의 확산은 기후와 큰 관련이 없었습니다. 유럽에서 대규모 페스트 발병과 특정 지역의 기후 조건 간에 연관성이 명확하게 확인되는 것은 집단 묘지의 잔해물에서 페스트 원인균이 발견되고 페스트가 유럽에서 풍토병으로 자리 잡은 이후의 시기에 한정됩니다.

온화한 겨울과 그 뒤를 잇는 건조한 봄과 여름은 페스트를 전파하는 데 중요한 역할을 하는 설치류와 벼룩의 번식을 촉진했습니다. 이렇게 발생한 페스트는 직전 연도에 식량 위기로 사람들이 신체적으로 약해졌을 때 아주 치명적이었는데, 잉글랜드에서 1438년, 혹은 1439년에 발생한 페스트가 대표적인 경우였습니다.

1400년경에 다시 한 번 기온이 하락하는 추세가 시작되었습니다. 15세기 말의 몇십 년은 유럽에 특히 혹독한 기후를 선사했습니다. 이러한 맥락에서 소빙하기의 시작을

1450년으로 상정하는 것은 일단 타당합니다. 1450년에서 1850년 사이의 시기를 소빙하기로 보는 것은 '기후 변화에 관한 정부 간 협의체**IPCC**'의 최근 보고서에서 선호되는 시기 설정이기도 합니다.

그러나 앞에서 살펴본 기후 변화의 과도기를 포함시켜 1300년에서 1850년까지를 소빙하기로 설정하는 것도 마찬가지로 타당합니다. 어느 시기를 고르든, 이것이 오로지 엄밀한 과학에 기반한 것은 아닙니다. 또한 소빙하기가 기온이 지속적으로 하락하기만 한 시기도 아니었으며, 이 4~5세기 동안 아주 추운 시기 이후에 비교적 따뜻한 시기가 반복적으로 뒤따랐다는 사실을 염두에 두어야 합니다.

16세기 전반은 15세기 후반보다 조금 더 따뜻했습니다. 1580년 이후에는 다시 기온이 하락했고, 그 결과 소빙하기는 17세기에 절정에 이르렀습니다. 18세기 초에는 기온이 가파르게 상승했는데, 이 폭은 20세기 초의 기온 상승과 맞먹는 속도로 진행되었습니다. 1770년대 들어서야 기온은 다시 하락 추세로 전환되었고, 이 추세는 1850년 마무리되었습니다. 이로써 소빙하기 역시 끝을 맞이했습니다.

경제와 인구에
끼친 영향

소빙하기 전체 기간 동안 농업에서 식량 생산 위기는 반복적으로 발생했습니다. 식량 생산 위기는 단기적으로 가격을 폭등시켰으며, 이에 기아와 대규모 아사 사태가 발생하기도 했습니다. 유럽에서는 기후로 인한 광범위한 식량 생산 위기가 여러 차례 발생했는데, 특히 1570~1572/1573년, 1690년대 초(프랑스에서), 1740~1741년(극심한 한파와 결빙), 1770~1771년, 그리고 1816~1818년의 위기가 대표적입니다.

물론 위에 언급된 위기들이 전부는 아니며, 별 다른 수고 없이도 이 목록을 계속 보충할 수 있습니다. 이는 유럽뿐만 아니라 다른 대륙에서도 마찬가지입니다. 예컨대 1788

년에서 1790년에 발생한 강력한 라니냐 현상과 뒤이어 발생한 1791년에서 1793년의 엘니뇨 현상은 호주에 막 정착해 아직 동쪽 해안의 기후에 익숙하지 않았던 '퍼스트 플리터스First Fleeters'에게 큰 영향을 끼쳤습니다.

라니냐와 엘니뇨는 남태평양 진동의 두 가지 국면을 일컫는 용어이며, 이와 같은 남방 진동은 대기와 해양 간의 열 교환을 담당하는 지구 최대의 순환 시스템입니다. '아기 예수'를 뜻하는 엘니뇨는 남아메리카 태평양 연안의 해수면 온도가 상승하는 현상을 일컫는 개념입니다. 이미 19세기에 페루의 어부들이 크리스마스를 전후한 시기에 이 현상을 주기적으로 관찰한 것에서 그 이름이 유래했습니다. 엘니뇨가 발생하면 같은 시기 호주의 태평양 연안에서는 더 차가운 기온이 관찰됩니다. 한편 라니냐는 이와는 반대의 현상을 가리키는데, 라니냐가 발생하면 동쪽(남아메리카)의 해수면 온도는 낮아지고 서쪽에서는 온도가 높아지게 됩니다. 퍼스트 플리터스는 호주 정착 후 몇 년간 자신들의 농작물 수확에 큰 타격을 줄 이 두 현상 중 어느 것에 대해서도 지식이 전혀 없었습니다.

기후 변동의 영향은 의심할 여지없이 농업 생산에서

특히 두드러지게 나타났습니다. 아시아와 유럽 모두에서 날씨에 따른 흉작은 식량의 부족과 이에 따른 사회적 갈등을 불러일으켰고, 그 결과 정치적, 사회적 체제를 불안정하게 만들기도 했습니다. 이런 불안정은 일시적인 경우도 있었지만 장기적인 경우 또한 있었는데, 1644년 중국에서 있었던 명에서 청으로의 교체가 이를 잘 보여줍니다. 역대 중국 왕조들에서 반복적으로 등장했던 식량 위기는 이번에도 명나라를 약화시켰습니다.

중국 사람들은 '천명'에 의해 하늘이 정당한 통치자를 보호해준다고 믿었고, 통치자는 전통 의식을 존중함으로써 자신의 정당성을 입증할 수 있었습니다. 반대로 통치자가 전통적인 의식을 지키지 않을 경우에 천명은 다른 통치자에게로 옮겨갈 수 있습니다. 이러한 철학에 따라 위기가 해결되지 않고 연속적으로 나타날 때 통치자의 권위는 크게 약화되었습니다.

마찬가지로 재난이 신의 벌로 간주되는 기독교적 세계관에서도 위기관리에 실패할 경우, 통치자의 권위와 정당성이 크게 약화되었습니다. 그러나 유럽의 통치자들이 주장한 왕권신수설이라는 개념 하에서 신성한 왕권은 태어나

면서부터 지배자에게 주어진 권리로 여겨졌으며, 중국에서
와는 달리 한번 부여된 통치자로서의 권리는 영원한 것이
었습니다. 이 비교는 '기후 변동의 결과'를 이해하는 데 있
어 문화적 요인이 얼마나 중요한지를 보여줍니다. 특히, 정
치적 통치와 관련해서 그러합니다.

　　근대 초기 유럽에서 발생한 마녀사냥 역시 넓은 범위
에서 기후 변화로 인한 사회적 갈등에 속합니다. 갖가지 형
태로 발생한 불행의 책임자를 밝혀내기 위해 도시와 시골
을 막론하고 여러 가지 극심한 사회적 충돌이 나타났습니
다. 농작물, 가축, 혹은 사람에게 피해가 발생했을 때, 유럽
인들은 이와 같은 일이 날씨에 대한 마법이나 다른 형태의
악의적 마법으로 인해 야기된 것이라고 생각했습니다. 기
후 변화에 따른 농작물과 가축의 피해가 마녀사냥의 발생
과 긴밀한 연관성을 갖고 있다는 것은 여러 개별 연구를 통
해 잘 증명되어 있습니다. 소빙하기가 유럽에서 절정에 달
했던 1560년에서 1630년 사이 마녀사냥의 중심지들에서
'대사냥'이 더 빈번하게 일어났으며, 가장 중요한 시기였던
1580년(기온이 다시 하락하기 시작한 시점)에서 1630년 사이에
이런 경향이 강했다는 것은 특기할 만합니다.

오늘날에는 경기 변동을 기후와 직접 연결하는 경우는 거의 없습니다. 그러나 예외 없이 농업 생산이 가장 중요한 역할을 한 산업화 이전의 경제 질서에서 기후 변동이 가지는 중장기적 의미는 자명합니다. 사실 불과 수십 년 전까지만 해도 기후 주기와 경기 변동 주기의 인과관계를 찾아내려는 시도가 선풍적인 인기를 끌었습니다. 이는 태양 흑점 주기와 경제적 변동을 연관시키려는, 19세기까지 거슬러 올라가는 전통에 바탕한 것이었으나, 현재는 이런 시도를 더 이상 하고 있지 않습니다.

이에 반해 '16세기 가격혁명'의 원인은 여전히 치열하게 논의되고 있습니다. 16세기 가격혁명이란 15세기 말에서 17세기 중반까지 진행된 연간 1.2~1.5%의 물가 상승을 가리킵니다. 오늘날과 비교했을 때 이런 물가 상승률은 미미해 보일 수 있지만, 산업화 이전 시기에서는 쉽게 찾아볼 수 없을 정도로 예외적인 것이었습니다. 특히, 눈에 띄는 것은 농산물이 다른 상품에 비해 가격이 더 많이 올랐다는 것입니다. 곡물 가격의 상승에 비해 임금과 수공업 제품의 가격 상승은 상대적으로 작았습니다.

이런 현상을 설명하기 위한 세 가지 주요 시도가 있습

니다. 첫 번째는 금화나 은화 같은 화폐의 문제에서 논의를 시작합니다. 일반적으로 전근대 시기에 화폐의 교환가치는 금속의 함량에 귀속되었습니다. 스페인의 나바라 출신 성직자 마르틴 데 아스필쿠에타Martin de Azpilcueta, 1492~1586는 '신세계'에서 유입되는 금과 은의 '홍수'가 가격 상승을 불러일으켰을 것이라고 추정했습니다. 이와 같은 화폐량 이론은 여전히 널리 퍼져 있으며 명확하게 반박되지 않았습니다.

그러나 보다 주목할 만한 것은 16세기 인구 증가를 고려한 두 번째 설명입니다. 인구가 증가하면서 식량에 대한 수요는 늘었지만, 식량의 생산은 점점 늘어나는 인구를 따라가지 못했다는 것입니다.

세 번째 설명은 이와 더불어 소빙하기 동안의 기후 변화가 농업 생산 위기에 끼친 영향을 고려합니다. 기후 변화가 가격 변동에 준 단기적 영향은 충분히 입증되어 있습니다. 16세기에서 18세기 기후 재구성은 유럽의 여러 주요 시장에서의 곡물 가격 변화와 잘 부합하며, 이에 따라 부분적으로 가격의 변동을 설명할 수 있습니다. 15세기 부르고뉴령 네덜란드에서도 마찬가지 현상이 관찰되었습니다.

유럽에서는 17세기 후반 들어 인플레이션이 거의 멈췄으나 18세기 후반 들어 재개되었습니다. 유사하게 중국에서도 18세기를 거치는 동안 강력한 인플레이션 현상이 관찰됩니다. 이런 유사성은 비교 가능한 흥미로운 사례를 제시합니다. 유럽과 중국 모두 18세기를 거치며 인구가 크게 증가했지만, 유럽에 비해 중국은 식량 위기가 드물게 나타났습니다. 당시 중국의 농업 생산은 기후 조건이 악화되어 압박이 증가하는 와중에도 인구 증가를 따라갈 수 있었습니다. 따라서 18세기 중국에서 일어난 인플레이션의 경우, 수요의 증가나 기후 요인보다는 은 공급량의 상당한 상승이 주요 역할을 했습니다. 물론 세 가지 요인이 모두 동등한 정도로 작용한 것은 아니지만, 어쨌든 함께 작용했다는 설명 역시 타당합니다.

몇몇 역사학자들은 '17세기의 보편적 위기'에 소빙하기의 기후가 중대한 영향을 미쳤다고 생각해왔습니다. 평균적으로 봤을 때 북반구의 17세기 기온이 지난 1000년간 가장 추웠다는 점을 생각한다면 이는 자연스러운 판단이라고 할 수 있습니다. 기후 측면에서 생각한다면, 심지어 1590년대에서 시작해 1690년대의 기근 위기까지 이어진

'장기 17세기'라는 개념을 생각해볼 수 있습니다. 이에 반해 '17세기의 보편적 위기'라는 진단 자체는 에릭 홉스봄**Eric J. Hobsbawm**과 휴 트레버–로퍼**Hugh Trevor-Roper**가 1950년대에 주 창한 이후 최근 들어 논란의 대상이 되었습니다.

많은 경제사학자들은 유럽은 물론이고 세계의 다른 지 역에서도 17세기에 보편적 경제 위기가 있었다는 주장을 꾸준히 반박합니다. 농업, 수공업 및 무역 등의 경제 분야에 서 하나의 통일적인 위기 증후가 관찰되지는 않는다는 것 이 경제사학자들의 생각입니다. 예컨대 유럽의 식민지 팽 창으로 인해 무역선 건조가 확대되었고, 이에 따라 전 세계 무역이 성장했습니다. 개별 국가들은 각자 매우 다른 방식 으로 점차 성장하는 세계 경제에 참여했고, 이 과정에서 특 정 시기에 매우 특정한 방식으로 위기에 직면했습니다. 보 편적 위기라는 개념에 부합하는 보편적인 위기의 패턴은 존재하지 않았습니다.

심지어 유럽 내부에서도 국가마다 매우 큰 차이가 있 었습니다. 스페인, 이탈리아, 그리고 신성 로마 제국에서는 위기의 증후를 분명하게 찾아볼 수 있습니다. 스페인 왕들 은 1557년부터 1647년까지 무려 여섯 차례나 파산을 선언했습니다. 17세기와 18세기를 거치며 무역의 중심이 지중해에서 대서양으로 이동하면서 이탈리아의 경제적 번영은 심각한 타격을 받았습니다. 게다가 오스만 제국이 레반트 지역에서 영향력을 확대하면서 베네치아를 비롯한 이탈리아의 주요 무역 중심지들은 더욱 어려움을 겪었습니다. 독일의 경제는 30년 전쟁(1618~1648년)과 그 여파 때문에 말할 것도 없이 허우적거렸습니다.

한편 위기에 빠진 이러한 국가들과는 달리 '보편적 위기'라는 상에 부합하지 않는 나라들도 있었습니다. 잉글랜드는 식민지 확장을 시작하며 경제적으로 번영하고 있었습니다. 네덜란드 공화국은 '황금기'를 맞이했으며, 잠시 동안이었지만 유럽에서 가장 부유한 국가가 되는 데 성공했습니다. 당시 네덜란드는 높은 도시화 수준과 식민지 무역으로 큰 이익을 얻었습니다. 프랑스는 정치적으로 절대주의의 길을 향해 나아갔으며, 이는 1688~1689년 명예혁명을 통해 의회의 권력이 강화된 잉글랜드와는 구분되는 것이었습니다. 그러나 프랑스 역시 식민지를 확장해나갔으며, 스페인과의 경쟁 결과 유럽 대륙에서 지배적인 강대국이 되었습니다.

이와 더불어 대서양 건너 스페인의 식민지들이 스페인 왕실의 약화로 인해 오히려 이득을 봤다는 점도 생각해야 합니다. 대서양 건너 스페인의 식민지들은 본국의 위기를 통해 자치권을 확대할 기회를 얻었고, 이를 자신들의 경제적 이익에 활용할 수 있었기 때문입니다.

전쟁, 전염병, 기근과 같은 17세기의 수많은 위기가 극적인 인구 손실을 초래했다는 주장이 자주 제기됩니다. 실제로 16세기의 인구 증가 이후 한 세기 동안 인구 성장은 정체기를 맞이했습니다.

그러나 유럽뿐만 아니라 유라시아 전체의 '보편적 위기'를 지지하는 학자들이 이 시기에 인구가 최대 1/3이 감소했다고 주장하는 것은 완전한 과장입니다. 무엇보다 위기의 시기마다 사망률이 증가한 것을 한 세기 전체로 확대해서 해석하는 것은 무리가 있습니다.

기대수명이 낮고, 출산율이 오늘날과 비교해서 현저히 높은 시대였기 때문에 영양 부족, 전염병, 폭력, 전쟁이 전체 사망률에 끼치는 영향은 장기적으로 봤을 때 상대적으로 줄어들었을 것입니다. 17세기는 실제로 위기의 연속이었습니다. 예를 들어 페스트는 14세기 이후 이 시기에 가장 자주 발생했습니다. 그러나 일단 그 위기가 끝나면, 출산율은 항상 그 손실을 중기적으로 만회할 만큼 폭발적으로 증가했습니다.

인구사 전문가들은 17세기 전반에 유럽의 인구가 5% 정도 감소했다고 추정합니다. 그러나 1700년경 인구는 1600년보다 5~10% 증가한 상태였습니다. 전 세계적으로 봤을 때 인구 증가는 물론 둔화되었지만, 그렇다고 단기적인 위기로 인구 증가의 추세가 멈추거나 감소 추세로 되돌아가지는 않았습니다.

17세기 초에 인구가 감소한 것은 많은 지역에서 농업 생산이 인구 증가로 인해 늘어난 수요를 따라가지 못하면서 인구 증가가 일시적으로 한계에 부딪힌 결과 발생한 현상으로 보입니다. 식량 가격이 상승하면서 서유럽과 중부 유럽의 가정들은 경제적 어려움을 겪었고, 사람들은 출산을 제한하는 전통적 방법으로 이에 대처했습니다. 성관계와 자녀 출산의 정당성이 교회의 승인과 밀접하게 연결되어 있는 사회에서, 결혼 시기를 늦추는 것은 효율적인 방법임이 입증되었습니다. 이를 통해 가임 기간을 줄이고 여성이 출산하는 아이의 수를 줄일 수 있었습니다. 그러나 극단적인 경우 '영아 살해'가 발생하기도 했는데, 극심한 식량 위기 때 이런 일이 벌이지곤 했습니다. 일본에서는 이런 풍습을 '마비키'라고 불렀으며, 사회적으로 오랫동안 묵인되었습니다. 마비키는 특히 도쿠가와 막부 시대에 많은 가정에서 행해졌습니다. 유럽에서는 영아 살해가 법적으로 금지되고 처벌되었지만, 그럼에도 불구하고 오랫동안 사람들이 생각해온 것보다 훨씬 더 자주 발생했습니다.

한편 영양 결핍은 사망률의 증가를 넘어서 인간의 신체, 그리고 이를 통해 사회 전체의 '물리적 신체'에 영향을 미쳤습니다. 프랑스에는 17세기 중반부터 군인들이 입대 시 측정한 키에 대한 자료가 남아 있는데, 이는 적어도 인구의 절반인 남성에 대한 중요한 정보를 제공합니다. 이 자료에 따르면, 17세기 프랑스 남성의 평균 키는 1.62미터 정도였습니다. 18세기 초의 자료에서는 단 12년 만에 4센티미터가 커지기도 했지만, 1740년의 식량 위기 이후 약간 작아졌습니다.

결과적으로 기후 조건으로 인한 농업 생산량의 감소가 17세기 인구에 미친 영향은 비교적 명확하게 파악됩니다. 그러나 소빙하기가 인구 성장에 남긴 흔적은 16세기의 인구 증가 결과 생성된 다른 요인과 조건들이 기후와 맺은 상호 작용 속에서 파악해야 하며, 오롯이 기후적 영향으로 환원해서 이해할 수는 없습니다.

소빙하기의
마지막 단계

소빙하기의 마지막 단계는 19세기 초반의 몇십 년을 포함합니다. 이 시기에 다수의 중요한 화산 폭발이 일어났는데, 화산 폭발은 소위 댈튼 극소기(1780~1830년) 동안의 태양 활동 감소라는 두 번째 외부 요인과 함께 영향을 끼쳤습니다. 화산 활동의 증가는 전 지구적 차원에서 중요했지만, 각 지역에서 구체적으로 다른 결과를 불러왔습니다. 1808년, 혹은 1809년(미상), 1815년(인도네시아의 탐보라), 1822년(인도네시아의 갈룽궁), 1831년(미상, 추측컨대 필리핀의 바부얀 클라로), 그리고 1835년(니카라과의 코시귀나)의 열대 화산 폭발은 각각 2~3년 동안 전 세계 복사 수지에 영향을 미쳤습니다. 화산 폭발로 인해 마치 하나의 얇은 막처럼 지구 성층권에 자리 잡은 황산염 에어로졸은 지구 음암화-global dimming라 불리는 효과를 낳았습니다.◇ 또한 황산염 에어로졸은 태양 빛의 반사에도 영향을 끼쳐서 시각적 변화가 일어났는데, 이는 저녁 시간에 두드러지게 나타나는 현상이었습니다. 몇몇 학자들은 이러한 변화의 흔적을 당시의 풍경화에서 발견하였으며, 특히 영국의 화가 윌리엄 터너-William Turner, 1775~1851의 작품에서 눈에 띕니다.

이 다섯 번의 화산 폭발 뒤에는 예외 없이 북반구의 내륙에서 여름 기온이 눈에 띄게 하락하는 현상이 발생했습니다. 유럽에서는 강수량이 늘어났고, 이렇게 늘어난 강수량은 하강한 여름 기온과 결합해 알프스의 빙하량이 늘어나는 결과를 낳았습니다. 알프스의 빙하량은 1850년에 최고치를 달성했습니다. 기후 모델 시뮬레이션에 따르면 당시 대기와 해양의 열 교환 속도가 느려졌는데, 이로 인해 기온이 떨어진 상태가 다른 때보다 오래 유지되었습니다. 해

◇   대기 오염이나 구름의 증가로 지구 표면에 도달하는 햇빛의 양이 줄어드는 현상을 가리킨다.

양의 표면층은 아마도 1860년 이후가 되어서야 18세기 후반의 기온으로 되돌아왔을 가능성이 높습니다.

한편 해양의 온도 하락은 전 지구적으로 계절풍에 영향을 미쳤습니다. 원래 건조했던 지역에서는 강수량이 더 줄어들었는데, 예컨대 아프리카에서는 1820년대부터 1830년대까지 20년에 걸쳐 극심한 가뭄이 찾아왔습니다. 가뭄은 특히 아프리카 대륙 동쪽에서 심각했으며, 계절풍은 1840년대와 1850년대에 다시 한 번 약해졌습니다.

여러 차례의 화산 폭발 중에서도 1815년 4월 인도네시아의 숨바와 섬에서 일어난 탐보라 화산 폭발이 가장 활발하게 연구됐습니다. 화산 폭발 당시 섬 주민들은 제때 안전하게 피신할 기회가 전혀 없었습니다. 주민들은 화산재, 용암, 그리고 독성이 있는 가스가 치명적으로 섞인 화산쇄설류의 직격타를 맞았으며, 그 피해는 고대 폼페이에서 일어난 화산 폭발의 피해보다 훨씬 컸습니다.

화산에 인근한 탐보라 왕국의 여러 마을은 화산재에 의해 수 미터 밑에 파묻혔습니다. 또한 폭발 지점으로부터 반경 1000킬로미터 이내 지역에서는 화산재 비가 직접적인 피해를 일으켰으며, 이때 일어난 피해는 수년간 농업 수

3. 산업화까지의 2천 년

확량에 큰 영향을 주었습니다. 화산재 비와 함께 쓰나미도 발생했는데, 인근 지역에서 화산 폭발의 직접적인 피해로 사망한 사람의 수는 10만 명에 달할 것으로 추정됩니다.

화산 폭발의 기후적 영향이 해당 지역을 넘어서서 전 지구적으로 관찰된 것은 몇 달이 지난 후였습니다. 기후 모델 시뮬레이션에 따르면, 약 2주 후 열대 지역에서 황산가스 띠가 발생하였고, 이 띠는 지구 자전의 영향으로 적도를 따라 퍼져나갔습니다. 약 8주 후 황산가스는 에어로졸로 산화되었고, 그 후 몇 달 동안 에어로졸은 성층권의 순환 시스템을 통해 열대 지역을 시작으로 지구 전체를 얇은 막으로 덮었습니다. 북반구의 기온 재구성 결과에 따르면, 1816년, 혹은 1817년에 온도가 약 1~2°C 하락한 것으로 보입니다. 유럽에서는 1816년에 여름이 사실상 사라졌기 때문에 이 시기를 '여름 없는 해'라고 부르기 시작했습니다. 프랑스와 스위스 일부 지역에서는 1960~1990년의 평균 기온과 비교해서 기온이 약 2~3°C 낮았으며, 특히 1816년 6월에는 강한 강수 현상까지 발생했습니다. 설상가상으로 늦은 봄까지 이어진 서리 현상도 농업에 큰 피해를 주었습니다.

이러한 요인들은 대규모 흉작의 전형적인 원인으로 작

용했습니다. 밀 가격은 큰 폭으로 상승했는데, 영국에서는 상대적으로 적게 상승했지만, 스위스와 바이에른 지역에서는 1817년의 밀 가격이 위기 이전보다 2~3배나 올랐습니다. 이에 다시 기근이 찾아왔으며, 지난 수십 년간 인구가 증가한 상태였기 때문에 그 피해는 더 컸습니다.

위기가 발생함에 따라 특히 젊은 사람들은 새로운 기회를 찾아 고향 땅을 버리고 외국으로 이주하기 시작했습니다. 스위스와 독일 뷔르템베르크의 통계를 보면, 이 시기에 대서양을 건너는 장거리 이민이 큰 폭으로 증가했음을 알 수 있습니다. 그러나 뷔르템베르크의 통계는 1816년, 혹은 1817년의 모든 이민자들이 북아메리카로 떠나지는 않았다는 것을 보여줍니다. 러시아나 영국으로 떠나는 이민자의 수가 북아메리카로 떠나는 이민자의 수와 비슷했습니다. 미국으로 떠나는 이민자의 수는 1849~1856년, 1866~1873년, 1880~1883년 대규모 이민 물결에 이르러서야 뷔르템베르크를 떠난 전체 이민자 수의 4분의 3을 차지했습니다. 그럼에도 불구하고 탐보라 화산 폭발로 인한 위기는 대서양을 건너는 이주를 촉발한 시발점으로 여겨집니다. 독일만 그런 것은 아니고 다른 지역에서도 그러했지

3. 산업화까지의 2천 년

만, 독일이 특히 더 강한 영향을 받았습니다. 이에 독일은 19세기 들어 아일랜드와 함께 미국 이주민의 주요 출신지가 되었습니다. 독일 남서부 출신의 이주민들은 밀 가격 상승의 영향을 강하게 받은 농민이나 장인 계층 출신으로, 이들 대부분은 식량 부족을 이주의 주된 이유로 꼽았습니다.

이런 현상이 오늘날 일어난다면, 아마도 사람들은 '기후 이주'라는 개념을 사용할 것입니다. 그러나 19세기 초반에는 강력한 화산 폭발이 기후에 미치는 영향에 대해 과학적으로 입증된 이해가 없었고, 위기 시기의 날씨를 중장기적 기후 변화의 흐름 속에서 신뢰도 있게 파악할 방법도 없었습니다. 농촌 지역의 사람들은 1816년과 같은 '여름 없는 해'를 그저 세대마다 반복되는 극한 기상 현상으로 여겼습니다. 이주할 마음의 준비를 마친 이들 역시 직접 경험한 탐보라 화산 폭발의 간접적 영향에 반응한 것이지, 기후 변화 자체를 인지한 것은 아니었습니다.

그러나 북아메리카로 이주한 이들은 탐보라 화산 폭발로 인한 위기가 북아메리카에도 이미 영향을 끼치고 있다는 사실을 알지 못한 채 이민을 떠났습니다. 사실 미국 동부 지역의 기온은 유럽과 비슷할 정도로 하강한 상태였습니다. 1816년 5월에는 매사추세츠 주, 뉴햄프셔 주, 버몬트 주의 고지대 농경지에 서리가 내려 큰 피해를 입었습니다. 같은 해 6월 7일과 8일에는 동해안 대부분을 덮는 눈보라가 발생했습니다. 그러나 피해를 입은 지역에서 농업 수확량이 감소했음에도 불구하고 미국 전체의 농업 생산량은 건재했기 때문에 미국에서는 유럽과 같은 식량 위기가 발생하지 않았습니다. 이 기간 동안 미국은 오히려 유럽으로 밀을 수출할 수 있을 정도였습니다.

높은 밀 가격은 단기적으로 미국에서 농업 생산을 확대할 유인을 제공했습니다. 이는 농산물이 계속해서 높은 가격에 유럽으로 수출될 것이라는 기대가 있었기 때문입니다. 이에 따라 일부 투자자는 상당한 규모의 투기성 투자를 감행하였습니다. 그러나 유럽에서도 1819년 들어 밀 생산이 차츰 정상화되면서 밀 가격은 폭락했습니다. 이 과정에서 미국 내 농업 부분에서 발생한 금융 위기는 1820년대 중반까지 이어졌는데, 이 역시 탐보라 화산 폭발로 인한 간접적인 결과로 볼 수 있습니다.

중국에서는 1816년의 위기가 18세기에 지속된 경제적 번영이 끝났음을 알렸습니다. 이 위기는 청나라 도광제(재위 1820~1850년) 통치 기간의 경제 불황 바로 직전에 발생했습니다. 한편 도광제 시기 영국의 포함외교gunboat diplomacy와 아편 재배는 청나라의 몰락에 결정적 역할을 했는데, 사실 윈난성에서 아편 재배가 이루어진 것 역시 화산 폭발로 인한 결과 중 하나였습니다. 화산 폭발 이후 3년 간 차가운 바람과 폭우로 인해 벼농사가 완전히 망가졌던 것입니다. 그러자 이 지역의 많은 소농 가정이 아편을 재배하기로 결정했고, 이런 경향은 몇십 년 안에 윈난성을 넘어 미얀마와 라오스 지역으로 확산되었습니다. 이렇게 마약 재배의 '황금 삼각지대'가 등장했습니다. 이후 이 지역은 1839~1842년과 1856~1860년의 아편전쟁을 비롯한 지역, 국가, 식민지 갈등의 발단이 되었으며, 중국의 경제에 막대한 피해를 주고 황제의 권위가 약화되는 데 크게 일조했습니다.

북아메리카 이주와 청나라 사례는 화산 폭발과 그로 인한 자연과 기후 및 사회적 영향이 어떻게 장기적인 발전을 저해할 수 있었는지 보여줍니다. 하지만 이를 일련의 필연적인 사건의 연속으로 이해하여 탐보라 화산 폭발이 미국에서 경제 위기를 직접 초래하였다거나 중국을 지속적인 국가 위기로 이끌었다고 보기에는 오해의 소지가 있습니다. 그보다는 구체적인 역사적 상황과 그 속에서 인간의 행동이 기후의 영향과 함께 작용하여 역사를 특정하지만 예측할 수 없는 방향으로 이끌었다고 보는 것이 타당합니다. 즉, 기후가 역사에 끼친 복잡성을 이 이상 단순화할 수는 없습니다.

이런 관점은 탐보라 화산 폭발과 콜레라 발발의 연관성에서도 마찬가지입니다. 1817년 벵골에서 콜레라가 발생했는데, 이 지역은 다른 동남아시아 지역과 마찬가지로 콜레라가 진즉에 풍토병으로 자리 잡은 상태였습니다. 벵골에서 시작된 콜레라의 전파 경로를 추적하는 것은 쉬운 일입니다. 우선 영국의 군인들이 벵골에서 인도 북부로 콜레라를 옮겼습니다. 병원체는 이후 유럽 식민지 제국들의 무역로를 타고 사람들 사이에 확산되기 시작했습니다. 콜레라는 1823년에 페르시아, 1829년에는 러시아, 1930년에는 서유럽, 1832년에는 북아메리카와 아프리카에서 발병했습니다.

콜레라의 병원체인 비브리오 콜레라균은 19세기 말에 이르러서야 발견되었습니다. 1892년 함부르크에서 발생한 콜레라 유행 기간 동안의 관찰을 바탕으로 로베르트 코흐 Robert Koch, 1843~1910는 대도시 중심지의 오염된 물이 콜레라 전파에 있어 핵심 역할을 한다는 사실을 밝혀냈습니다. 이 중요한 발견은 하수 처리 과정에서의 실질적인 위생 조치를 통해 사람 사이의 전파 경로를 차단할 수 있게 해주었으며, 이를 통해 콜레라는 효과적으로 퇴치될 수 있었습니다. 그러나 코흐의 시각은 인간 간 전파 경로에 제한되어 있었습니다. 훨씬 나중에 이르러서야 인간이 콜레라균의 자연 숙주가 아니라는 사실이 밝혀졌습니다. 콜레라균은 플랑크톤에 서식하며, 지구의 매우 다양한 지역에서 발견됩니다. 콜레라균은 플랑크톤 안에 있다가 특정한 생태학적 조건이 갖춰졌을 때 인간에게 전파됩니다.

순다르반스는 방글라데시와 인도 서벵골에 위치한 맹그로브 숲으로, 인구 밀집 지역이라는 특성과 현지 생태계의 상호 작용이 콜레라 확산에 중요한 역할을 하였습니다. 이 과정에서 인도의 '몬순(계절풍)'이 결정적인 역할을 합니다. 만약 여름 몬순이 오지 않으면 플랑크톤의 자연적인 생성이 영향을 받게 되고, 이는 다시 콜레라균의 번식을 억제하는 요인으로 작용합니다. 아직 정확하게 증명되지는 않았지만, 탐보라 화산 폭발 이후 이 박테리아가 유전적으로 변이했을 가능성이 존재합니다.

확실한 것은 1816년과 1817년 사이의 겨울이 극심하게 변동했다는 사실입니다. 1816년은, 환경사학자 길런 우드Gillen D'Arcy Wood에 따르면 '몬순이 없는 해'였으며, 여름 가뭄 후 가을에 폭우가 내려 갠지스 삼각주가 범람했습니다. 이 홍수는 콜레라균을 사람이 거주하는 강변으로 전파했고, 1817년에는 이전보다 훨씬 치명적인 콜레라가 유행했습니다. 만약 영국인과 식민지 무역이 없었다면, 콜레라의 발병은 이전 시기와 마찬가지로 이 지역에만 제한되었을 것입니다.

탐보라 화산 폭발과 그 영향은 경제적으로 어느 때보다도 더 긴밀하게 연결된 세계에서 나타났습니다. 이주 활동은 점점 증가하고 있었으며 사람들의 이동은 가속화되었습니다. 동시에 세계는 이제 불평등한 발전의 경로에 들어서고 있었습니다. 산업화가 본격적으로 시작된 상태였으며, 이는 유럽의 제국주의적 야망을 부추겼고 최소 한 세기 동안 유럽의 우위를 굳건하게 만들었습니다. 또한 19세기 초반에는 그때까지 아무도 예상하지 못했지만, 산업화의 등장은 기후 변화가 인간에 의해 지배적 영향을 받게 되었음을, 그리고 이에 따라 기후사의 새로운 단계가 서서히 찾아오고 있음을 의미했습니다.

'신세계'에서의
기후 적응

소빙하기의 기후사는 지금까지 있었던 수많은 서술에서 위기와 재난의 연속으로 묘사되었습니다. 이제까지의 많은 연구가 위기와 재난에 상응하는 큰 사건에 집중했기 때문입니다. 그러나 근대 초기에는 전혀 다른 중요한 기후 경험도 존재합니다. 특히, 카리브해와 아메리카 대륙에서의 식민 경험이 그러합니다. 식민지에서의 경험은 최초의 의미 있는 기후 논쟁으로 이어졌는데, 기후에 적응하는 문제뿐 아니라 기후 변화 자체가 진지하게 논의되었습니다.

낯선 환경과 기후 조건에 적극적으로 대처하는 문제는 정착민 식민주의의 역사에서 항상 중요한 역할을 해왔습니다. 이는 거대한 제국들의 역사와 줄곧 긴밀하게 연관 있으며 결코 유럽만의 현상은 아니었습니다. 사실 식민주의에서는 기존의 농업 경제 방식이 계속해서 새로운 기후 조건에 적응해야 하는 도전에 맞닥뜨렸습니다. 유럽의 팽창은 그럼에도 불구하고 다른 제국과 구분되는 특수한 사례를 제공합니다. 유럽이 팽창하는 과정에서 여러 지역의 기후를 비교하는 관점이 발전하기 시작했으며, 이것이 과학적인 기후학의 성립에 큰 영향을 끼쳤기 때문입니다. 비교기후학의 선구자인 알렉산더 폰 훔볼트**Alexander von Humboldt, 1769~1859**는 일찍이 이를 간파했으며 자신의 저서 《코스모스》에서 "기후학의 발전은 유럽 문명이 서로 마주하고 있는 두 해안을 따라 확장됨에 따라 다소 독특한 방식으로 촉진되었다."고 말했습니다. 유럽과 아메리카, 즉 대서양 양쪽에서 발전한 기후 담론은 곧 유럽이 '신세계'와 전면으로 대결하는 보다 거대한 과정의 일부였습니다. 따라서 이는 과학 자체의 변화뿐 아니라 특정한 기후 이론이 식민지 활동에 미친 영향 또한 보여줍니다.

식민지 확장은 여러 측면에서 기후와 밀접하게 연관되어 있었습니다. 아메리카에서 열대, 아열대 지역의 플랜테이션은 담배와 면화 같은 작물의 생산을 가능케 했습니다.

곧 유럽과 그 너머 지역에서는 이러한 작물에 대한 시장이 형성되었지만, 구대륙에서는 이 작물들을 생산하기 위한 자연적 조건이 부족했습니다.

그런데 황열병과 같은 열대성 질병으로 사망한 유럽 정착민의 수가 너무 많았습니다. 따라서 식민지의 담론에서는 열대, 아열대 기후가 유럽인의 건강에는 좋지 않으며 유럽인이 이러한 기후에 적응하는 것 자체가 거의 불가능하다는 견해가 굳어졌습니다. 그리고 이러한 견해는 곧 대서양 노예무역을 정당화하는 근거로 작동했습니다. 실제로 대부분의 아프리카 포로는 강제로 열대, 아열대 지역으로 이송되었습니다. 유럽인의 눈에 아프리카인은 '이미 적응한' 것으로 간주되었으며, 이 지역 플랜테이션과 광산에서 노동을 하기 위한 운명을 타고난 것으로 보였습니다.

유럽인의 이러한 시각은 히포크라테스의 저작이나 로마의 건축가 비트루비우스(기원전 1세기경 활약)의 저작 등 고대 민족지ethnography에 뿌리를 두고 있습니다.◇ 18세기에 이르러 이러한 시각은 여러 '민족'의 '국민성'에 대한 광범위한 이론으로 발전했습니다. 1748년에 발간된 몽테스키외의 저서 《법의 정신》은 이를 가장 잘 보여주는 사례입니다.

오늘날 이 책은 삼권분립 이론의 뿌리로 널리 알려져 있지만, 긴 시간 이 책에 담겨 있던 기후 이론 역시 삼권분립 못지않은 영향력을 행사했습니다. 프리드리히 라첼Friedrich Ratzel, 1844~1904, 엘런 셈플Ellen Semple, 1863~1093, 엘즈워스 헌팅턴Ellsworth Huntington, 1876~1947과 같은 지리적 결정론의 후기 대표자들은 19세기에도 여전히 이러한 사상을 받아들였습니다. 이들의 사상은 단순한 결정론을 넘어 종종 노골적으로 인종차별적이었습니다.

기후와 적응의 연관성에 관한 생각은 노예무역을 넘어 식민지 인구 정책에 영향을 끼쳤습니다. 프랑스 관료들은 1750년경 뉴올리언스 식민지를 하류 지역으로 확장할 계획을 세우면서 '기후의 유사성'을 근거로 이탈리아나 스페인 출신 정착민을 모집하고자 했습니다. 또한 프랑스의 식민지였던 "마르티니크에서 200~300가구와 그에 딸린 노예들의 이주"를 명령할 것을 정부에 제안했습니다. 프랑스

◇　민족지란 여러 민족의 생활 양식을 실지 조사를 바탕으로 체계적으로 기술하는 것을 의미한다.

인의 관점에 따르면, 이들은 "무더운 기후와 농작물에 익숙"했으며, 따라서 "땅의 일부를 경작하기에 최선의 조건을 제공"할 것이었습니다.

대서양 식민주의에서 자주 이루어진 강제 이주에서도 기후는 중요한 주제였습니다. 자메이카에서 벌어진 제2차 마룬 전쟁에서 아프리카인 후손인 마룬족의 봉기를 진압한 영국은 곧 수백 명의 자메이카 마룬을 지금의 캐나다 노바스코샤 주로 강제 이주시켰습니다. 마룬들은 백인 인구의 중심지인 핼리팩스에서 2마일 떨어진 프레스턴에 정착해야 했습니다. 낯선 환경에서 살게 된 이들은 얼마 지나지 않아 지역 법률가의 도움을 받아 "자신들의 피부색에 더 맞는" 따뜻한 기후의 지역으로 이주시켜달라고 청원서를 제출했습니다. 노바스코샤의 총독 존 웬트워스John Wentworth, 1737~1820는 청원을 받은 후 서늘한 지역에서 사는 것이 이들의 "불같은 기질"을 다소 진정시킬 수 있을 것이라고 말하며 시대적으로 널리 퍼져 있던 고정관념을 다시 드러냈습니다. 그러나 웬트워스는 결국 이들의 요구를 들어준 꼴이 됐는데, 이는 그가 이들의 추방을 원했던 백인 인구의 압력에 굴복했기 때문입니다. 마룬은 1800년에 서아프리카의 시에라리온으로 이주하였습니다.

노바스코샤의 자메이카인 마룬의 이주사는 이후 아프리카계 미국인들이 과연 미국의 북부 기후에 순응할 수 있는지를 두고 벌어졌던 논의의 선례로 여겨질 수 있습니다. 심지어 20세기 중반의 '흑인 대이주Great Migration', 즉 수많은 아프리카계 미국인이 남부의 농촌 지역에서 북부, 특히 북동부 해안의 도시 중심지로 이주할 때 이러한 논의가 활발하게 이루어졌습니다.

마지막으로, 기후와 날씨에 대한 담론은 대서양을 통해 식물과 가축을 옮기는 과정에서 일어난 성공과 실패의 경험담까지도 포함하고 있습니다. 유럽 대륙에서는 신세계에서 가져온 여러 식물과 가축에 대한 끊임없는 실험이 이루어졌습니다. 사람이 이주하는 경우와 마찬가지로 이때도 '기후 순응'에 관심이 집중되었습니다. 프랑스어권에서 기후 순응이라는 용어는 카리브해를 식민화하는 과정에서 쓴 의학, 농업, 동물학 논문에서 처음으로 등장했습니다. 18, 19세기를 지나며 기후 순응은 식물학, 동물학, 의학(특히, 열대의학)과 같은 분야에 중요한 영향을 미친 연구 항목으로 발전했습니다.

4.
기후에 대한
농업의 영향

식민지 기후 변화

인류가 초래한 기후 변화에 관한 대부분의 과학사는 19세기에 온실효과가 발견되면서 시작됩니다. 그러나 인간에 의해 촉발된 기후 변화에 관한 최초의 논쟁은 이보다 최소한 세기 전에 이미 이루어졌습니다. 이 논쟁은 유럽의 식민지에서 토지를 이용하는 것이 기후에 끼치는 영향에 관한 것이었는데, 유럽인이 아메리카, 카리브해, 일부 동아시아, 그리고 나중에는 아프리카에서 행하는 농업 식민주의 활동을 두고 벌어졌습니다. 예컨대 유럽인에게 삼림 벌채와 습지의 배수는 농업 개발의 수단으로서 '야생'의 풍경을 '문명화'하려는 시도와 다름없었습니다. 그런데 일부 유럽인이 보기에는 같은 방법으로 기후 역시 원하는 대로 바꿀 수 있었습니다. 즉, 이들은 이론적으로 너무 추운 겨울이나 너무 더운 여름을 완화하고 계절 간 극단적 기후를 균형 있게 조절할 수 있다고 믿었습니다. 이런 생각은 당대에도 논란이 되었는데, 벤저민 프랭클린Benjamin Franklin, 1706~1790, 토머스 제퍼슨Thomas Jefferson, 1743~1826, 조르주-루이 르클레르 드 뷔퐁Georges-Louis Leclerc de Buffon, 1707~1788, 그리고 훔볼트 등 저명한 사상가들이 활발하게 논의하였습니다.

이런 논의는 유럽인이 아메리카 북동부의 뉴잉글랜드와 프랑스 식민지에서 이례적으로 추운 겨울을 경험하면서 시작되었습니다. 이 지역의 겨울은 유럽의 같은 위도에 위치한 지역보다 훨씬 추웠습니다. 이러한 차이의 원인이 무엇인지를 두고 여러 의견이 분분했습니다. 그중 하나는 18세기 중반에 이르러 적어도 이 의견의 지지자들이 보기에는 입증된 것으로 보였는데, 이에 따르면 유럽의 기후는 벌목, 즉 인간의 영향으로 인해 변화한 상태였습니다. 오늘날의 관점에서 보면, 18세기 초반의 기온 상승은 자연 현상이었습니다. 그러나 많은 당대인은 이러한 온난화 추세를 자신들의 식민지 문명화 이념과 결부시켰습니다.

미합중국 헌법의 아버지 중 한 명으로 꼽히는 휴 윌리

4. 기후에 대한 농업의 영향

윌슨Hugh Williamson, 1735~1819은 명시적으로 '기후 변화'를 언급한 최초의 저자 중 한 명입니다. 그는 1770년 필라델피아 미국철학회의 발표에서 펜실베니아와 인접 식민지의 많은 사람들이 "지난 40~50년 사이에 분명히 관찰 가능한 기후의 변화"가 일어났음을 알아차렸다고 말했습니다. 윌리엄슨에 따르면 겨울은 더 이상 예전만큼 춥지 않고, 이에 반해 여름은 덜 더웠습니다. 그는 산림 벌채와 그로 인한 지표면의 평탄화가 대기의 온난화를 일으켰다고 확신했습니다. 기후 변화를 물리학적으로 설명하려는 그의 시도는 비록 지금의 관점에서는 전혀 타당하지 않지만, 당시로서는 여러 측면에서 새로운, 상당히 역동적인 기후 이해에 기반한 것이었습니다.

벌채를 통한 기후 조절이라는 아이디어는 과거에 대한 관점을 바꿨습니다. 자연과학자들과 역사학자들은 문헌 자료와 구전 전승에 남겨진 이전 시대 기후 변동의 흔적을 찾아나서기 시작했습니다. 그린란드, 아이슬란드, 스칸디나비아, 그리고 알프스 지역에서는 빙하의 형성이 중요한 역할을 했습니다. 이례적인 한파를 이야기하는 고대의 기록은 곧 벌채를 통한 점진적인 온난화를 뒷받침하는 근거로 해석되었습니다. 특히, 역사가 에드워드 기번**Edward Gibbon, 1737~1794**은 자신의 저서《로마 제국 쇠망사》에서 고대 유럽이 "현재보다 훨씬 추웠다"고 주장했습니다. 적어도 숲이 울창했던 게르만족의 거주 지역에 대해서는 이러한 주장이 들어맞는 것처럼 보였습니다.

목사이자 자연과학자였던 새뮤얼 윌리엄스**Samuel Williams, 1743~1817**는 1770년대 초에 북아메리카와 유럽의 기후 변화를 다룬 논문을 썼는데, 이 논문은 초기의 역사적 기후학과 식민지적 기원을 잘 보여줍니다. 그는 이 논문에서 자연을 '문명화'한 유럽의 역사가 아메리카 대륙에서는 더 빠른 속도로 농업을 통해 반복되고 있다고 주장했습니다. 윌리엄스는 기후 변화가 무엇보다도 미국과 같은 '새로운 땅'에서 잘 관찰될 수 있다고 주장했는데, 새로운 땅은 황량하고 미개간된 상태에서 빠른 시간 안에 수많은 정착지로 탈바꿈되기 때문입니다. 더 많은 정착지는 이러한 효과의 증폭을 의미했기 때문에 윌리엄스는 북아메리카의 기후는 유럽이 과거에 그러했던 것보다 더 빠른 속도로 인간의 활동에 의해 변화했다고 주장했습니다. 윌리엄스의 논문을 보면 가속화에 대한 인식을 엿볼 수 있습니다.

프랑스의 자연과학자 뷔퐁 역시 이런 확신을 가지고 "인간이 어떤 땅을 더 건강하게 만들고, 경작하며, 그 땅의 인구를 늘린다는 것은 동시에 그 땅에 수천 년 동안 따뜻함을 선물하는 것"이라고 하였습니다(Buffon, Epochen, 1781, Bd. 2, P. 157). 뷔퐁은 기후 조절에 대한 식민지적 개념을 전 지구적 역사로 확대했다는 점에서 한 걸음 더 나아갔습니다. 그는 자신의 저작물 《박물지》에서 일곱 번째이자 마지막 시대에는 "인간의 힘이 자연의 힘을 보완"한다고 하였습니다. 뷔퐁은 인류가 초래한 기후 온난화가 지구가 서서히 차가워지는 것을 막는 미래를 예견했던 것입니다.

얼마 지나지 않아 철학자 요한 고트프리트 헤르더 **Johann Gottfried Herder, 1744~1803**는 "인류는 서서히 산에서 내려와 지구를 정복하고 그들의 약한 주먹으로 기후를 변화시키는, 비록 작지만 용감한 거인의 무리"라고 묘사합니다. 헤르더에 따르면, 인간은 "기술로" 기후를 "바꾼다는 측면에서도 지구의 주인"입니다(Herder, Ideen, P. 244). 기독교의 창조 명령을 자연을 개선한다는 의미로 해석한 것은 전형적인 계몽주의적 관념이었습니다. 헤르더는 이런 관념을 분명하게 기후에 적용했으며, 동시에 이런 기술적 기후 변화를 신중하게 행해야 한다고 주장했습니다. 헤르더가 "숲을 베어내고 땅을 개간하는 것은 들끓는 자의로 낯선 대륙을 곧바로 유럽으로 바꾸는 것"으로 묘사하고 "모든 살아 있는 창조물은 서로 연결되어 있고 이는 오직 신중하게만 변화해야 한다"고 경고한 것은 마치 식민지 프로젝트에 대한 비판으로 읽힙니다.

그러나 벌채가 기후의 변화를 야기할 수 있다는 개념은 19세기로 넘어가는 시점에서 과학적 기반을 상실했습니다. 기후학은 이 시기에 새로운 학문 분과로 자리 잡았습니다. 훔볼트와 더불어 독일의 지리학자 레오폴트 폰 부흐Leopold von Buch, 1774~1853, 덴마크의 식물학자 요아킴 프레데릭 슈우Joakim Frederik Schouw, 1789~1852와 프랑스의 물리학자 프랑수아 아라고François Aragó, 1786~1853 등 새로운 세대의 자연과학자들은 인간의 토지 이용으로 인해 기후 변화가 일어났다는 주장을 비판적으로 재검토했습니다. 이들은 유럽의 기후가 로마 시대 이후로 따뜻해지기 시작했다는 주장을 뒷받침하는 고대의 문헌 기록들을 검증했습니다. 슈우와 아라고는 문헌 기록들에 나타난 기상 관측 결과들을 연구하고, 이를 해당 지역의 최신 기상 관측 결과와 비교했습니다. 이러한 검증을 통해 슈우와 아라고는 이 시기 문헌 기록들이 고대로부터 이어지는 유럽 기후의 온난화를 확인하기 위한 증거로는 충분치 않다는 결론에 이르렀습니다. 스코틀랜드의 젊은 물리학자 제임스 데이비드 포브스James David Forbes, 1809~1868는 1835년에 연구 현황을 정리하며 다음과 같이 요약했습니다. "역사 시대에 어떤 특정한 장소, 혹은 지구 전체의 기온이 본질적으로 변화했다는 의견은 설득력이 없다."

역사 시기에 기후가 본질적으로 변화했는지에 관한 질문은 19세기에 빙하기의 발견과 함께 뒷전으로 밀려나기 시작했습니다. 현대 지질학은 지구사 연대기를 처음에는 수백만 년, 20세기에는 마침내 수십억 년이라는 상상할 수 없을 정도의 긴 시간대로 확장했습니다. 빙하기의 발견은 고기후학의 방법론 없이도 수십만 년 규모의 기후 변화를 이해 가능하도록 만들었습니다. 이러한 연구 단계에서는 인간의 역사 정도의 규모에서 기후 변동을 '기후 변화'로 분류하는 데 연구자들이 신중한 태도를 보이는 것은 충분히 이해할 만한 일이었습니다.

그럼에도 불구하고 식민지 시대의 숲과 기후에 대한

논쟁은 19세기를 지나 20세기에 이르기까지 계속해서 인류에 영향을 미쳤습니다. 일부 유럽 식민지에서는 이 논쟁이 조림 계획을 다시 세우는 데 중요한 역할을 했습니다. 숲이 토양의 침식을 막고 건조한 지역에서 강수량을 증가시킬 수 있다고 여겨졌습니다. 영국의 역사학자 리처드 그로브**Richard Grove, 1955~2020**는 프랑스와 영국 제국의 여러 곳에서 이와 유사한 조치들이 일어났음을 증명했습니다. 그로브는 이를 초기 형태의 환경 보호 정책이라고 표현했는데, 이는 정당한 주장이었습니다. 그럼에도 벌채를 통한 기후의 인위적 개선이라는 18세기의 계몽주의적 낙관론은 이미 깨진 상태였습니다.

토지 이용의 변화

신석기 초기에 농업이 시작된 이래로 토지 이용의 양상은 줄곧 변화해왔습니다. 수많은 위기와 그린란드에서 바이킹이 철수한 것과 같은 일시적 후퇴에도 불구하고 농업은 지속적으로 확장되고 집중화되었습니다. 농업은 점점 그 수가 늘어나는 인구가 충분한 식량을 얻을 수 있도록 만들었습니다. 그러나 지난 2세기와 비교하면 산업화 이전의 인구 성장은 미미한 편이었습니다. 산업화 이전의 인구 성장은 영국의 경제학자이자 인구학자인 토머스 로버트 맬서스 **Thomas Robert Malthus, 1766~1834**가 '맬서스의 함정**Malthusian Trap**'이라는 개념을 통해 설명한 것처럼 식량 위기에 부딪히면서 반복적으로 한계에 부딪혔습니다. 이에 따라 인구는 수천 년 동안 지금의 경제학자들이 중요하지 않다고 여길 만큼 낮은 평균 성장률에 머물러 있었습니다.

기후 연구에서도 이와 마찬가지로 산업화 이전 시대에 이루어진 토지 이용의 변화는 기후에 미치는 영향이 무시할 수 있을 정도로 미미했다는 데 광범위한 합의가 존재했습니다. 이에 따르면 기후 체계에는 두 가지 상태가 있었습니다. 첫 번째는 산업화 이전의 자연적 상태였고, 두 번째는 산업화 이후 등장한 인간에 의해 야기된 인위적 상태였습니다.

이런 단순화된 관점은 약 20년 전부터 더 이상 무조건적으로 받아들여지지 않고 있습니다. 현재의 기후학은 그 어느 때보다도 홀로세 초기, 특히 약 6000년 전 대규모 농업 문명이 등장한 이후의 토지 이용 변화가 기후에 어떤 영향을 끼쳤는지에 관한 질문에 천착하고 있습니다. 이 질문은 기후 모델을 개선하기 위해 지속적으로 노력하고 있는 기후 연구에 있어서 여전히 완전히 해결되지 않은 핵심 질문 중 하나입니다. 특히 시급한 것은 토지 이용의 변화가 기후 체계에 끼치는 영향을 시뮬레이션할 수 있도록 해주는 식생 요소를 기후 모델에 맞게 보완하는 작업입니다. 예를 들어 꽃가루 분석은 먼 과거의 토지 이용과 시간의 흐름에 따른 토지 이용의 변화를 추적할 수 있도록 해줍니다. 지난 1만 2000년 동안 기후 변화는 토지 이용, 특히 농업에 의한 영향을 받았습니다.

식생과 토양에는 일정량의 탄소와 메탄 등 온실가스가 저장되어 있습니다. 식생의 변화는 그것이 자연적으로 이루어졌는지, 혹은 인간에 의해 초래되었는지에 상관없이 더 많은 양의 탄소가 저장되거나 아니면 탄소가 오히려 더 많이 방출되는 두 가지 결과 중 하나를 낳습니다. 여기에 또 다른 기후 요인이 추가되는데, 토지 이용 변화로 인한 지구 표면의 반사율, 즉 행성 알베도의 변화가 그것입니다. 이런 모든 요소는 숲이나 초원을 농업 용지로 전환할 때에도 작용합니다. 이에 따라 우리는 농업 용지가 확장되는 시기에 벌목과 화전 농업이 탄소 순환에 영향을 끼쳤을 것이라고 추정할 수 있습니다.

그러나 이전에 숲이 아니었던 인공 관개 지역의 경우에는 상황이 다릅니다. 이 지역에서는 이전에 토양에 저장되었던 것보다 더 많은 양의 탄소를 새로운 농작물이 흡수할 수 있었습니다. 물론 관개 체계가 벼 재배를 위해 이용되는 경우 또 다른 온실가스인 메탄이 문제로 등장합니다. 이 강력한 온실가스는 축산업이 확대될 때도 그 배출량이 증가합니다. 따라서 다양한 농경과 축산 형태는 각기 다른 영향을 미친다는 것을 알 수 있습니다. 이러한 차이에도 불구하고 일반적으로 과거 농업의 확장은 온실가스 배출 증가와 관련이 있었으며, 반대로 농업의 축소는 온실가스 배출 감소와 관련이 있었음을 추정해볼 수 있습니다.

이보다 더 어려운 문제는 산업화 이전의 토지 이용 변화가 주요 온실가스의 대기 중 농도에 반영되었는지에 관한 답을 찾는 것입니다. 빙핵을 재구성한 자료만으로는 온실가스 농도 변화가 자연적 원인에 의한 것인지, 인류가 초래한 원인에 의한 것인지 구별할 수 없습니다. 토지 이용이 지구의 대기 중 온실가스 농도에 미친 영향을 평가하기 위해 과학자들은 복잡한 기후 모델 분석과 계산에 의존해야 합니다.

지금까지는 항상 인구 추정치가 이러한 기후 모델의 기초였으나, 인구 추정치는 과거로 거슬러 올라갈수록 불확실성이 커진다는 한계를 지니고 있습니다. 20세기의 인구 추정치는 매우 신뢰할 만하고 1600년까지의 유라시아

4. 기후에 대한 농업의 영향

지역 인구 추정치도 어느 정도 타당하지만, 1600년 이전의 인구 추정치는 일반적으로 신뢰도가 크게 떨어집니다. 인구수를 추정할 수 있는 경우, 인간이 생존을 위해 필요한 1일 기초대사량에 근거해서 인구 전체의 기초대사량을 계산할 수 있습니다. 한 지역 인구의 기초대사량을 어떻게 충족시킬 것인지의 문제는 해당 지역에서 인간과 가축의 식량을 확보하기 위해 재배되는 작물의 종류에 따라 달라집니다. 그리고 이는 지역마다 다른 양상으로 나타납니다. 특정 작물이 가진 에너지 양과 단위 면적당 수확량은 그 지역 인구 전체가 필요로 하는 에너지 양에 맞게 계산되어야 합니다. 이를 통해 농업 용지가 어느 정도 규모인지와 그것이 인구에 따라 어떻게 변화했을지 추정할 수 있습니다.

루디먼의 테제

기후 연구에서는 산업화 이전에 농업의 영향이 얼마나 컸는지, 대규모 화석 연료 연소가 시작되기 전에도 이미 인류가 초래한 기후 변화를 논할 수 있는지에 대한 의견이 분분합니다. 특히, 고기후학자 윌리엄 루디먼^{William F. Ruddiman,} 1943~은 최초의 농업 문명들이 이미 인류가 초래하는 기후 변화를 만들어냈다는 주장을 펼쳤습니다. 이러한 주장은 홀로세 시기의 대기 중 이산화탄소와 메탄 농도가 이전의 간빙기와 비교했을 때 비정상적인 양상을 보였다는 데 근거합니다.

대기 중 이산화탄소 농도는 약 1만 500년 전에 최고치를 기록한 후 감소세를 보이다가 약 7000년 전부터 다시 상

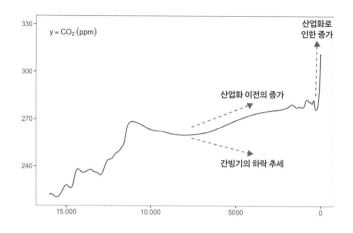

[그림 6] 지난 1만 6000년 동안의
대기 중 이산화탄소 농도(ppm)

승하기 시작했습니다(그림 6). 메탄은 1만 1000년 전에 최고
치를 기록한 후 역시 감소세를 보이다가 5000년 전부터 다
시 상승하기 시작했습니다. 이산화탄소와 메탄의 이런 상
승은 놀라운 일입니다. 이전 간빙기에서는 북반구의 태양
복사량이 최고점에 도달한 후 감소 추세가 지속적으로 이
어졌기 때문입니다. 따라서 궤도 동인으로는 홀로세 시기
에 이런 틀에서 벗어나는 양상이 일어났다는 것을 설명할
수 없습니다.

루디먼은 이산화탄소와 메탄의 대기 중 농도가 다시 증가한 것을 설명할 수 있는 다른 자연적 설명들을 반박한 후, 오로지 초기 농업에서 인류가 초래한 영향만이 이러한 예외적 현상의 원인으로 볼 수 있다고 주장했습니다.

특히, 논란이 되는 부분은 산업화 이전 7000년 전부터 대기 중 이산화탄소의 농도가 약 260ppm에서 285ppm으로 상승했다는 점입니다. 루디먼은 이 25ppm의 차이에 더해 홀로세 시기의 자연적인 상태에서라면 더 하락했을 대기 중 이산화탄소 농도 15ppm을 추가했습니다. 그는 산업화 이전의 토지 이용으로 발생한 약 3000~3200억 톤의 이산화탄소 배출로 거의 40ppm 상승했다고 설명합니다. 제드 캐플런Jed O. Kaplan은 심지어 3430억 톤의 이산화탄소량을 계산하기도 했습니다. 반면, 다른 모델들에 따른 계산은 최대 500~570억 톤만을 추정하는데, 이는 단지 4~6ppm의 차이만을 설명할 수 있는 양입니다.

이런 모델들은 모두 농업의 전체 역사 동안 1인당 필요 토지 면적이 1헥타르에 줄곧 머물렀다는 가정에 기반하고 있습니다. 그러나 초기 농업에서는 단위 면적당 수확량이 낮았기 때문에 1인당 더 많은 토지 면적이 필요했을 것이라고 추정됩니다. 또한 초기 농업 단계에서의 인구 성장 추정치 역시 상향 조정되어야 할 것으로 보입니다. 이는 약 7000년 전에서 5500년 전에 이르는 시기에 중국과 유럽 지역의 고고학적 유적지가 급증했다는 사실로 유추할 수 있습니다. DNA 연구 또한 이 시기의 세계 인구에 대한 기존 추정치가 지나치게 낮다는 사실을 시사합니다.

물론 이러한 논의를 오늘날 인류가 초래한 기후 변화와 비교해 올바르게 이해하는 것이 중요합니다. 그럴 가능성은 거의 없지만, 설사 산업화 이전의 토지 이용만으로 대기 중 이산화탄소와 메탄가스의 상승을 완전히 설명할 수 있다고 하더라도 이를 '인류가 초래한 기후 변화'라고 부르기에는 상당한 무리가 있습니다. 농업에 의한 온실효과가 인위적으로 강화되었다고 하더라도 그 영향은 현대에 인류가 초래한 온실효과(1850~2022년, 133ppm 상승)의 3분의 1 미만일 것이며, 훨씬 더 긴 기간에 걸쳐 나타났을 것입니다. 기후학자들은 적어도 대기 중 온실가스 농도의 변화가 산업화 이전의 어느 시점에서도 기후 변화의 자연적인 동인들을 압도하지 않았다는 점에 동의하고 있습니다.

루디먼은 그럼에도 불구하고 자신이 계산한 인위적 온

실효과가 중요한 영향을 미쳤다고 주장했습니다. 그의 주장에 따르면 인류가 초래한 온실효과가 다음 빙하기로의 빠른 전환을 막았으며, 이는 홀로세 시기가 연장되는 결과를 낳았습니다. 이에 따라 자연적 기후와 인류가 초래한 기후 변화의 시기 구분 역시 달라집니다. 루디먼은 신석기 시대에 농업이 시작되기 전까지는 자연적 기후의 시기였지만, 그 이후에는 인위적 기후의 시기라고 주장했습니다. 그가 주장하는 바와 같이 적은 양의 인위적 배출이 그토록 큰 영향을 미쳤는지에 대한 여부는 여전히 산업화 이전 기후의 역사와 관련된 흥미로운 질문 중 하나로 남아 있습니다.

1492년
아메리카의
인구 붕괴

농업의 역사에서 의도치 않은 후퇴의 시기는 반복적으로 발생했습니다. 마야 문명과 같은 문명이 붕괴했고, 그린란드의 바이킹 정착지와 같은 곳이 사라졌습니다. 이런 사건이 벌어질 경우, 숲이 기존의 농업 용지를 다시 정복했습니다. 유럽에서 페스트 발병 이후에도 마찬가지 일이 벌어졌습니다. 페스트로 인해 인구의 3분의 1이 사라진 이후 마을과 농가는 폐허로 변했습니다. 그렇다면 토지 이용의 감소가 온실가스의 변동에도 영향을 미쳤을지에 관한 질문이 제기될 수밖에 없습니다.

유럽과 아메리카 원주민이 접촉한 후 아메리카에서 일어난 인구 붕괴는 이러한 종류의 질문에 있어서 가장 중요한 '시범 사례'입니다. 역사학과 고고학 연구자들은 1492년 이후 원주민 인구가 불과 몇십 년 만에 약 80%, 심지어는 90% 가까이 감소했다는 데 의견을 같이합니다. 사망률 추정을 가능케 하는 유전학적 연구 역시 1492년 이후 아메리카 원주민 인구의 급격한 감소를 확인했지만, 사망률은 이보다 훨씬 낮은 약 50%로 추정됩니다.

이러한 절대적인 수치 차이가 무엇을 의미하는지는 콜럼버스의 첫 번째 아메리카 항해 직전 아메리카 인구를 어느 정도 규모로 추정하는지에 따라 달라집니다. 그러나 이 추정치는 상당한 불확실성을 보여줍니다. 어떤 경우든 원주민의 수가 아메리카 대륙에 새롭게 전파된 여러 전염병으로 인해 급격하게 감소했다는 사실은 분명합니다. 아메리카 원주민은 유럽인과 함께 아메리카 대륙에 들어온 새로운 질병에 대해 면역력을 갖고 있지 않았으며, 따라서 이 질병들은 곧 치명적인 전염병이 되었습니다.

이와 같은 인구 붕괴는 홀로세 초기에 베링 육교가 끊기는 결과를 낳은 해수면 상승의 여파였습니다. 1492년 콜럼버스가 카리브해에 도착했을 때 아메리카 대륙의 원주민은 이미 수천 년 동안 유라시아 대륙과 단절된 상태였습니다. 이로 인해 이곳 원주민은 세계 다른 지역에서 꾸준히 일어난 병원체 교환 과정에 참여하지 못했습니다. 물론 독감, 천연두, 홍역, 황열, 디프테리아, 말라리아에 대한 면역력이 전혀 없었던 것 외에 유럽 정복자들의 폭력 역시 원주민의 인구 붕괴에 크게 기여했습니다.

인구 붕괴는 원주민이 스페인 및 포르투갈인과 처음으로 접촉한 후 100년에서 150년 사이의 시간에 걸쳐 진행되었으며, 카리브해, 멕시코, 그리고 안데스의 잉카 지역에서는 16세기 초반의 몇십 년 동안 집중적으로 발생했습니다. 인구 붕괴의 결과 이전까지 농업 용지로 이용되었던 땅이 다시 숲으로 덮였습니다. 아메리카 대륙 전역에 걸쳐 분포해 있는 다수의 고고학 유적지에서 발견된 숯은 이러한 과정이 일어났음을 입증합니다. 예전 정착지들의 유적이 있는 땅에서 발견되는 숯은 이 지역에서 산불이 발생했음을 보여줍니다. 이는 숲이 다시 정착지를 뒤덮은 이후에 불이 붙었음을 뜻합니다.

콜럼버스가 도착한 이후 숲이 확장되면서 아메리카의 식생과 토양은 이전에 비해 더 많은 양의 탄소를 흡수했습니다. 이 지점에서 제기되는 질문은 이것이 과연 대기 중 온

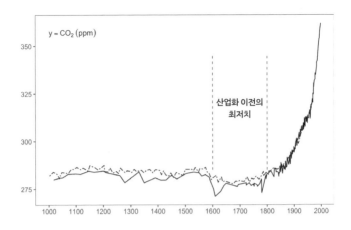

[그림 7] 산업화 이전의 이산화탄소 농도 최저치:
남극 빙핵에서 얻은 지난 1000년 동안의 이산화
탄소 농도 재구성은 1600년과 1800년 무렵 최저
치를 보여준다.

실가스의 감소를 초래했는지의 여부입니다. 빙핵의 재구성
결과에 따르면, 1600년 전까지 대기 중 이산화탄소 농도는
거의 변동이 없었습니다(그림 7). 그러나 이 곡선은 17세기
가 시작되기 직전에 하락세로 돌아서며, 산업화 이전 홀로
세 후기의 최저점이라 불리는 지점에 도달하게 됩니다. 하
락 폭은 5~7ppm 범위 내에 있습니다. 1492년 직전에 약
6050만 명이었던 아메리카 대륙 원주민이 콜럼버스 도착

4. 기후에 대한 농업의 영향

이후 인구가 90% 가까이 줄어들었다고 가정한다면 이러한 변동을 인구의 붕괴에 의한 것으로 이해할 여지도 있습니다. 그러나 소빙하기와 같은 다른 요인으로 이를 설명하는 이들도 존재합니다. 이들의 설명에 따르면, 같은 시기에 기온이 하락하면서 식생이나 바다가 더 많은 양의 탄소를 흡수했을 가능성이 존재합니다.

현재 우리가 가지고 있는 지식 수준으로는 다음과 같은 잠정적인 결론만을 내릴 수 있습니다. 유럽인과 아메리카 원주민의 접촉 후 한 세기 동안 농업 용지 사용이 감소한 것 외에 다른 자연적 요인도 산업화 이전 대기 중 이산화탄소 농도가 최저점에 이른 요인으로 고려될 수 있다는 것입니다. 물론 다양한 요인이 동시에 작용했을 가능성도 충분히 존재합니다.

농업 가속화

아메리카 원주민의 인구 붕괴는 세계 인구의 장기적인 성장 추세에서 하나의 예외적인 사건이었습니다(그림 8). 16세기에 스페인과 포르투갈이 정복한 카리브해와 중남미 지역이 전염병과 폭력으로 인구가 감소하는 동안에도 세계의 인구는 전반적으로 크게 증가했습니다. 다만, 17세기 전반에는 유럽과 중국에서 인구 성장이 주춤했습니다. 이 우연의 일치는 중요합니다. 만약 이 시기에 아메리카를 제외한 다른 지역에서 토지 이용이 계속 증가했다면, 아메리카에서 숲이 농업 용지를 다시 뒤덮어서 대기 중 이산화탄소 농도가 최저점에 이르렀다는 추정을 배제할 수 있기 때문입니다.

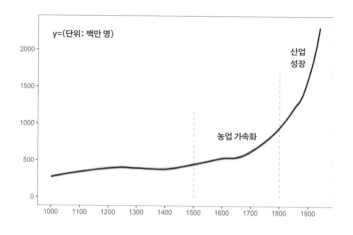

y=(단위: 백만 명)

산업
성장

농업 가속화

[그림 8] 1000~1940년까지의 세계 인구

1650년 이후 인구 성장은 처음에는 천천히, 그다음에는 조금 더 빠른 속도로 회복되었습니다. 그 결과 1650년과 1850년 사이에 지구에 사는 인구는 두 배로 증가했습니다. 이 시기 연평균 인구 성장률은 약 0.4%로, 이는 기원후 처음으로 인구가 두 배로 증가하는 데 걸린 지난 1500년 동안의 성장률보다 10배나 높은 것이었습니다. 물론 이러한 수치도 추정치에 기반하고 있어서 일부 불확실성이 존재합니다. 그러나 1650년 이후, 특히 18세기 동안의 인구 성장은 비교적 확실하게 입증됩니다.

이 시기 세계 인구가 성장할 수 있었던 기반은 세계 전역에서 일어난 농업 생산량의 증가였습니다. 물론 이때의 생산량 증가는 어디까지나 산업화 이전의 한계에 갇혀 있었습니다. 잉글랜드에서 산업화가 큰 진전을 보이기 시작했지만, 그럼에도 불구하고 전 세계적으로 봤을 때 아직까지 산업화가 농업에 끼치는 영향은 무시할 만한 수준이었습니다. 세계 인구의 성장에 있어서는 산업화보다 중국과 식민지 아메리카에서 이루어진 새로운 농지 개간이 중요한 역할을 했습니다.

그런데 농업 생산량의 증가는 다른 방식으로도 이루어질 수 있었습니다. 원래 아메리카에서 재배되었던 '새로운' 작물이 유럽과 아시아에 도입된 것은 주요 식량 자원의 범위가 늘어나는 결과를 낳았을 뿐만 아니라 단위 면적당 수확량이 증가하는 데도 기여했습니다. 특히, 감자와 옥수수 재배가 이러한 사례에 해당합니다. 감자와 옥수수는 유럽과 중국은 물론이고 오스만 제국에서도 재배되기 시작했습니다.

마지막으로 농업 개혁을 통해서도 생산량을 증가시킬

수 있었습니다. 새로운 농지 개간이 이미 중세 후반기에 한계에 봉착했던 서유럽과 중부 유럽에서도 이러한 방식으로 생산을 다양화하고 시장 점유율을 높일 수 있었습니다. 18세기 들어 많은 지역에서 농업 개혁은 이전보다 더 과학적으로 추진되었습니다. 17세기부터 형성된 학회들은 단지 과학자끼리만 독점적으로 교류하는 장소가 아니었습니다. 이들은 국가 정책에도 영향을 미쳤으며, 농촌 지역 주민과 지식을 교류하기 위한 새로운 방법을 모색했습니다. 이에 따라 유럽의 인구는 18세기 동안 1억 1500만 명에서 1억 8000만~9000만 명으로 증가했습니다. 심지어 1750년을 기점으로 인구 성장률은 두 배로 증가했습니다.

그러나 전 세계 인구 성장에 있어서 가장 큰 비중을 차지한 나라는 이미 가장 많은 인구를 보유하고 있던 중국이었습니다. 중국의 인구는 17세기 전반에 감소한 후 1680년경에 이전 명나라 시기의 최고치였던 1억 5000만 명에 다시 도달했습니다. 약 100년 후에는 두 배 이상 증가하여 약 3억 1100만 명에 이르렀습니다. 청나라 초기와 중기에 농업 생산은 후난성, 후베이성, 쓰촨성을 비롯해 중부 평야와 남쪽 국경 지대에서 크게 증가했습니다. 무엇보다 이전까지 고립되어 있었던 내륙의 산악 지역에 새로운 정착지가 만들어지고 농지가 개간되었습니다.

청나라는 전 왕조가 축적하고 있던 국가 소유 토지의 대부분을 사유지로 전환했습니다. 이에 따라 자신의 가족과 함께 노동 집약적인 방식으로 토지를 사용한 자유로운 소농들은 농업 확장의 주요 주체가 되었습니다. 토지를 이용할 권리는 각 가구에 귀속되었고, 이 권리는 남성 후손에게 상속될 수 있었습니다. 이러한 안정적인 상속 체제야말로 많은 가정이 벼농사에 사용되는 관개 체계를 구축하고 유지하는 데 필요한 투자에 매력을 느끼게끔 만들었습니다.

지역별 차이는 다양한 혁신을 위한 여러 가지 구체적인 조건을 제공했습니다. 새로운 농지 개간에 거의 참여하지 않았던 중국 북부에는 남부보다 지주와 임금 노동자가 더 많이 있었습니다. 이런 사회적 구조는 이 지역의 생태학적 조건과 합쳐져 수수, 면화, 담배, 땅콩의 상업적 재배를 촉진했습니다. 중국 중부 평야의 일부 지역에서는 면화 재배가 전체 농업의 20~30%에 이를 정도로 확산되었습니다.

중국의 사례는 18세기 농업이 기본적인 생계를 유지하기 위한 식량 생산을 넘어 크게 확산되었음을 대표적으로 보여줍니다. 농산물이 점점 상업화된 것은 유럽과 대서양을 횡단하는 식민지 플랜테이션에만 국한된 현상이 전혀 아니었습니다. 근대 초기를 연구하는 경제사학자들은 오스만 제국이나 인도 같은 다른 지역에서도 농업 생산이 점차 성장하는 시장을 목표로 상업화되었음을 밝혀냈습니다.

이처럼 18세기에 가속화된 인구 성장이 지구의 온실가스에 영향을 끼쳤음을 보여주는 증거는 많습니다. 다양한 빙핵 분석에서 1700년 이후 이산화탄소와 메탄 농도가 처음에는 서서히, 그다음에는 점점 더 빠르게 증가하는 양상이 나타납니다. 전체적으로 봤을 때 산업화 이전 2000년 동안 가장 강력한 증가가 1600년과 1850년 사이에 발생했습니다. 물론 명확한 원인을 규명하는 것은 아직 불가능하지만, 이 시기에 가속화된 농업 발전에 따른 토지 이용 변화가 온실가스 증가에 기여했을 가능성이 높습니다. 탄소 동위 원소 분석은 산업화 이전의 마지막 변동이 육지, 즉 숲과 토양에서 비롯되었음을 시사합니다. 따라서 이 시기 토지 이용의 변화가 대기 중 이산화탄소와 메탄 농도가 증가한 원인으로 꼽히며, 여기서 해양은 배제됩니다.

산업화 이전의 농업 확대가 온실가스에 미친 영향에

관한 질문은 앞으로도 한동안 과학자들의 연구 과제가 될 것입니다. 1610년 대기 중 이산화탄소 농도의 최저점은 탄소 순환과 그 역학을 이해하기 위한 중요한 기준으로 남아 있습니다. 이 최저점과 이후의 상승 모두 홀로세 시기의 변동 범위를 근본적으로 벗어나지 않습니다. 그러나 이 범위는 170년에 걸친(1850~2020년) 산업화로 대기 중 이산화탄소 농도가 125ppm 증가하면서 비로소 깨졌습니다. 이 상승 폭은 심지어 지난 80만 년 중 어느 170년 기간보다도 큽니다. 산업화로 인한 인위적 온실가스 효과는 산업화 이전에 있었던 그 어떠한 인위적 효과보다도 훨씬 강력합니다. 산업화 이전의 토지 이용이 기후에 끼친 영향을 증명하는 데 따르는 불확실성을 차치하고, 설사 그러한 영향이 존재했다고 하더라도 그 어느 시점에서도 그러한 영향이 자연적 기후 동인을 압도할 만큼 지배적이지 않았다는 점은 확실히 말할 수 있습니다. 인류가 초래한 기후 변화가 자연적 동인을 압도한 것은 산업화 이후의 온실효과에서 비로소 이루어졌으며, 지난 200년 동안의 산업화에 따른 토지 이용이 이에 본질적으로 기여했습니다.

4. 기후에 대한 농업의 영향

산업화된 농업

산업화된 농업의 핵심적 요소는 모든 식량 생산 분야에서 화석 연료 자원이 광범위하게 사용된다는 것입니다. 농산물 생산의 산업적 증가는 18세기의 농업 가속화 때와 같은 효율성의 증가가 아니라, 바로 이 화석 연료의 사용에서 비롯된 것입니다. 미국의 생태학자 하워드 오덤**Howard Odum, 1924~2002**은 우리가 "태양이 아닌 기름이 만들어낸 감자"를 먹는다는 말로 이러한 변화를 표현했습니다. 산업화된 농업에 있어 결정적인 것은 화석 연료 에너지 체제와 기술 혁신이며, 이러한 혁신에는 농업 기계뿐만 아니라 비료 생산을 위한 하버-보슈 공정◇과 같은 화학적 처리 과정의 통제 또한 포함되었습니다.

산업화된 농업에서는 인간과 가축이 아니라 기계가 대부분의 작업을 처리합니다. 역사적으로 이러한 변화는 다양한 지역에서 비동시적으로 일어났지만, 그럼에도 불구하고 전체적으로 봤을 때는 놀라울 정도로 짧은 시간 안에 이루어졌습니다. 농업 기계의 놀라운 성능은 산업화 이전에 농촌에 존재했던 다양한 형태의 강제 노동 체계로부터 많은 사람들을 빠르게 해방시켰습니다. 여기에는 카리브해와 아메리카 대륙의 플랜테이션 농업에서 중요한 부분을 차지했던 노예제도 해당됩니다.

19세기 전반을 거치며 노예제는 거의 대부분의 지역에서 폐지되었습니다. 오직 브라질에서만 1888년까지도 노예제가 유지되었습니다. 노예제의 종말은 단순히 그에 반대하는 정치적 저항만으로 이루어진 것이 아니었습니다. 정치적 저항은 물론 중요했습니다. 그러나 만약 산업화된 농업의 경제성이 노예제에 기반한 농업의 경제성보다 크지

❖ 하버-보슈 공법이란 질소와 수소로부터 암모니아를 제조하는 방법으로 효율적인 비료 제작에 지대한 공을 세웠다.

않았다면 노예제는 아주 더디게 폐지되었거나 아예 폐지되지 않았을지도 모릅니다.

오늘날 농촌에서 인간과 가축이 수행하는 물리적 노동은 거의 필요하지 않습니다. 인간 노동력이 농업에서 해방되고 다른 경제적 활동에 투입되지 않았다면, 우리가 '산업화'라고 말하는 사회적 변화는 상상할 수 없었을 것입니다. 따라서 1차 경제 부문인 농업의 변화는 전체 산업화 과정에서 아주 중요한 의미를 지닙니다.

오늘날의 관점에서만 보면 이러한 변화를 쉽게 이해하기 어렵습니다. 모든 산업화된 국가에서 농업 생산은 경제 전체에서 매우 작은 비중을 차지하고 있습니다. 예컨대 미국에서는 농업이 차지하는 비율이 국내총생산GDP의 0.7%에 불과하고, 유럽연합 모든 국가에서 농업 종사자의 비율은 2019년 기준으로 평균 4.37%에 불과합니다. 독일과 프랑스에서는 이 수치가 각각 1.21%와 2.53%에 그치며, 유럽연합 내에서 농업 종사자의 비율이 가장 높은 루마니아에서는 21.24%의 인구가 농업에 종사합니다. 오직 부룬디, 소말리아, 말라위, 차드에서만 인구의 75% 이상이 여전히 농업 부문에 종사하고 있으며, 이 국가들은 전 세계적으로 가장 가난한 국가들에 속합니다.

농업 부문에 종사하는 인구가 다른 부문으로 이탈하면서 고용을 담당하는 역할로서 농업이 차지하던 비중은 극적으로 바뀌었습니다. 그러나 농업 부문이 고용하는 인구와 국가 경제 전체에서 농업이 차지하는 비율이 줄었음에도 불구하고 지난 몇 세기 동안 농업 생산량이 크게 증가했다는 사실을 간과해서는 안 됩니다. 이러한 역설은 1인당 생산성의 급격한 향상으로 설명될 수 있습니다. 1인당 생산성이 급격히 향상된 데에는 일련의 요인이 함께 작용했는데, 예를 들어 관개와 작물을 위한 비료 사용의 효율성 증가, 제초제와 살충제 사용으로 인한 수확 전 손실 감소, 그리고 농업의 거의 완전한 기계화가 농업 생산성 증가에 기여했습니다.

비록 식량이 매우 불균등하게 배분되기는 하지만, 우리는 산업화의 결과 오늘날 80억 명의 인구를 먹여 살릴 수 있는, 역사적으로 유례없는 식량 풍요가 찾아왔음을 목도하고 있습니다. 1800년에는 약 10억 명이 전 세계에 동시에 살고 있었습니다. 이 인구수는 1930년까지 두 배로 증가하여 20억 명에 도달했습니다. 1974년에는 다시 40억 명으로 두 배가 되었으며, 2022년에는 마침내 80억 명에 이르렀습니다. 기원후 1700년까지는 연평균 인구 성장률이 0.1%보다 낮았던 반면, 18세기에는 인구가 매년 0.4% 이상 증가하기 시작했습니다. 이 속도는 19세기와 20세기에는 각각 0.6%와 1.4%를 넘어섰습니다.

인구 성장이 이처럼 가속화될 수 있었던 것은 주로 한 가지 요인, 즉 평균수명이 대폭 증가한 덕분이었습니다. 더 많은 사람이 점점 더 오래 살고, 따라서 점점 더 많은 사람이 동시에 지구에 살고 있는 것입니다. 여기에는 산부인과와 소아과의 발전, 특히 각종 유아 질병의 퇴치로 인한 아동 사망률의 감소가 결정적인 역할을 했습니다. 이 지점에 현대 인구 증가의 역설을 설명하는 열쇠가 있습니다. 기대수명이 증가하는 동안 여성 1인당 출산율은 계속해서 감소했습니다. 더 많은 아이들이 출생 후 초기 몇 년을 넘기고 성인기까지 생존하는 데 성공하면서, 가정은 출산을 줄이면서도 자손을 유지할 수 있게 되었습니다. 출산율의 감소는 세계적으로 이루어진 정치 투쟁과 합쳐져 20세기의 중요한 사회 혁명 중 하나인 여성의 평등과 경제적 참여를 촉진했습니다.

그런데 기대수명은 줄곧 증가하다가 이제 한계에 다다랐습니다. 기대수명은 더 이상 크게 늘어나지 않고 있는 반면에 여성 1인당 출산율은 계속 감소하고 있습니다. 이에 따라 전 세계 인구가 증가하는 속도는 지난 몇십 년 동안 꾸준히 감소했습니다. 대부분의 인구학자는 이러한 경향이 계속될 것이며 머지않은 미래에 새로운 '인구 전환'의 단계가 도래할 것이라고 기대합니다. 이 단계에서는 세계 인구가 정체하거나 심지어 감소할 수도 있습니다.

만약 19세기와 20세기의 농업 생산이 인구 증가 속도를 따라잡지 못했다면 새로운 식량 위기가 발생하여 기대수명의 증가가 곧 멈추고, 이에 따라 인구 성장 또한 제한되었을 것입니다. 그러나 19세기에 사망률의 증가를 동반했던 심각한 식량 위기는 유럽에서 1816~1818년 이후 더 이상 발생하지 않았습니다. 유럽 외부의 초기 산업화의 중심지에서도 식량 위기 발생 빈도가 줄어들었습니다. 다만, 중국과 유럽에서는 1870년대와 1890년대에 기후 조건으로 인해 높은 사망률을 동반한 식량 위기가 발생했습니다. 그러나 20세기에 수백만 명이 사망한 1943년 벵골 기근은 기후가 아니라 식량 분배의 위기였고, 이외에도 1932~1933

년 우크라이나(350만~390만 명 사망)의 위기, 1959~1961년 중국(1500만~5500만 명 사망)의 위기는 기후가 아니라 정치적 요인으로 인해 발생했습니다.

이오시프 스탈린losif Stalin, 1879~1953이 지도하는 소련은 우크라이나의 자유농민을 국가의 적으로 간주했습니다. 이에 우크라이나의 자유농민은 '쿨라크Kulak'라는 모욕적인 명칭으로 불리기 시작했으며, 국가에 대한 세금 인상과 강제 조치에 따른 토지 개혁을 억지로 받아들여야 했습니다. 이 과정에서 발생한 집단학살은 우크라이나에서 '홀로도모르'라고 불리는데, 이는 '굶겨 죽인다'는 의미를 지니며 스탈린의 테러를 적절하게 표현하는 개념입니다. 약 30년 후 중국 공산당의 지도자 마오쩌둥1893~1976은 스탈린을 본받아 비슷한 목표를 추구하며 역시 비슷한 수단을 동원했습니다.

1970년대와 1980년대 사헬 지역의 위기는 일차적으로 기후 요인 때문에 발생했습니다. 1968년부터 1973년까지 계속된 가뭄은 차드, 부르키나파소, 니제르, 말리에 흉작을 가져왔습니다. 그 결과 5000만 명이 피해를 입었고, 그중 100만 명이 사망했습니다. 그러나 이 위기에는 기후 요인뿐만 아니라 해당 국가들의 정부가 가뭄에 대한 대응을 늦춰서 국제적인 지원이 신속하게 이루어지지 못했다는 점이 중요하게 작용했습니다.

오늘날 지구에서 육지 면적의 약 3분의 1이 농업에 사용되고 있는 것으로 추정합니다. 이 추정치는 각국의 통계와 위성 관측에 기반한 것입니다. 이미 전통적인 농업 방식에서조차도 토지 과다 사용, 침식, 지나친 벌채, 지역 생물다양성의 손상과 같은 심각한 생태학적 문제가 종종 발생했습니다. 그리고 이러한 문제는 토지 이용이 산업화된 형태로 바뀌면서 더 악화되었으며 새로운 문제들도 등장했습니다. 예컨대 살충제와 제초제는 여러 생물 종이 멸종하는데 결정적인 역할을 하고 있습니다. 이로 인한 위기는 이미 많은 생물학자들이 오늘날 지구 역사에서 새로운 대규모 멸종 사태가 일어나고 있다고 주저 없이 말할 만큼 그 규모가 큽니다. 또한 인공 비료는 질소와 인의 순환에 강력한 영향을 미쳤으며, 이러한 물질이 광범위하게 퍼지는 것은 해양이 산성화되는 주요 요인 중 하나입니다.

마지막으로, 농업의 산업적 전환은 기후에도 중대한 영향을 미쳤습니다. 현재 토지 이용은 인류가 초래한 기후

4. 기후에 대한 농업의 영향

변화를 유발하는 전체 온실가스 배출의 약 4분의 1에 대한 책임이 있습니다. 이는 벌목, 관개, 가축 사육의 확산 등으로 인한 토지 사용의 변화와 관련 있습니다. 여기에 화석 연료의 광범위한 사용도 중요한 요인으로 추가됩니다.

인간과 가축을 농사일에서 해방시킨 농기계는 거의 모두 휘발유나 디젤에 의해 작동되며, 이에 따라 상당한 양의 이산화탄소를 배출합니다. 토지를 비옥하게 유지하고 더 집약적인 경작을 가능케 해주는 인공 비료의 생산 역시 화석 연료에 의해 이루어집니다. 인공 비료를 통해 향상된 농업 생산성은 또한 동물 사육의 확대를 가능케 했습니다. 동물 사육의 확대는 무엇보다 지난 몇십 년 동안 증가한 육류에 대한 수요를 충족시키기 위한 것이었습니다. 산업화가 시작된 후 이 모든 과정에서 이산화탄소와 메탄가스의 배출량은 급격히 증가했습니다.

앞에서 언급된 바와 같이 산업화로 인해 토지 이용에 변화가 생기기 이전에 이미 농업이 성장하는 단계가 있었습니다. 이것은 농산물의 상업화가 점점 증가하면서 이루어졌습니다. 농부들은 시장에 팔기 위한 농산물을 점점 더 많이 생산했으며, 스스로 소비하는 양은 계속해서 줄어들었습니다. 농업 부문에 있었던 이와 같은 상업혁명은 이후 발생할 산업화의 중요한 조건들을 형성했습니다.

그럼에도 불구하고 인류가 초래한 기후 변화와 기타 환경문제의 역사적 뿌리를 이해하기 위해서는 상업화와 산업화를 구분하는 것이 중요합니다. 일부 역사 서술에서는 시장경제와 자본주의만을 기후 변화의 주요 원인으로 지목하고, 화석 연료 사용으로 인한 에너지 체제의 전환을 간과합니다. 그러나 기후학적 관점에서 봤을 때, 이는 산업화된 경제와 산업화 이전의 경제 간 중요한 차이를 모호하게 만듭니다.

또한 화석 연료 사용으로의 전환을 자본주의의 필연적 결과로 간주하는 것 역시 문제의 소지가 있습니다. 대규모 화석 연료의 소비는 산업화의 특징이며, 이는 자본주의에만 국한된 것이 아닙니다. 20세기의 여러 반자본주의적 사회들은 이를 수차례 보여주었습니다. 반자본주의적 사회들은 화석 연료 기반의 산업화, 즉 '근대화'를 자본주의 경제 체제와 마찬가지로 보편적 부를 약속하며 추진했습니다. 또한 이들은 경쟁 체제인 자본주의만큼이나 산업화가 환경과 기후에 미치는 영향을 무시했습니다.

오늘날 점점 더 분명히 드러나는 환경과 기후에 대한 영향은 산업화된 토지 이용이 불러일으킨 변화에 대한 역사적 서술을 근본적으로 바꾸어놓고 있습니다. 20세기 중반까지만 해도 이러한 변화는 주로 성공의 이야기로 표현되어왔습니다. 즉, 성장은 인구수의 증가에 발맞춰 이루어졌으며, 기아는 줄어들었고, 충분한 식량이 마련된 기초 위에서 이루어진 것으로 이해되었습니다. 산업화된 농업은 이전까지 인구 성장과 기아 사이의 악순환을 통해 인류의 확장에 반복적으로 제동을 걸었던 '맬서스의 함정'을 극복하는 데 성공했습니다.

그러나 이제 이 성공의 이야기는 수정되어야 합니다. 다름 아닌 인류의 확장 자체가 문제가 되었기 때문입니다. 이 문제는 특히 부유한 20%의 소비자가 전 세계 자연 자원의 약 80%를 소비하는 반면, 가난한 20%는 겨우 1.3%만을 소비하는 불평등한 분배 구조와도 맞물려 있습니다. 이것이 기후와 환경에 미치는 영향은 오늘날 산업화로의 전환 및 그와 맞물린 인류 확장의 한계를 명확히 보여줍니다.

5.
인류가 초래한
기후 변화

20세기의
지구 온난화

20세기의 지구 온난화는 5000년 동안 지속되었던 기온 하강 추세를 역전시켰습니다. 20세기는 지난 2000년 동안 수십 년에 걸쳐 전 지구적으로 끊임없는 온난화 추세가 관찰된 유일한 시기였습니다. 그 원인은 자연적인 온실효과의 인위적 증폭, 즉 인류가 초래한 온실효과에 있습니다. 온실효과는 20세기 내내 점점 더 강화되었습니다. 그 결과 1850년 기온 측정이 시작된 이후로 전 세계 평균 기온이 약 $1.3°C$ 상승했을 뿐만 아니라 폭염과 가뭄의 빈도가 증가했습니다. 현재의 기후 변화 시나리오에 따르면, 지금까지 인류가 초래한 온실효과만으로도 다음 빙하기를 최소한 10만 년 이상 늦추기에 충분합니다.

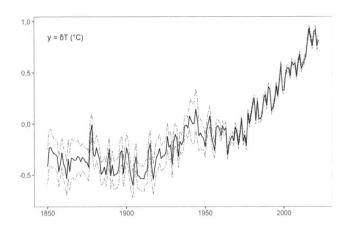

[그림 9] **1850년 이후 전 세계 평균 온도:**
1961~1990년 비교 기간 평균과의 편차
(검은 선: 온도 편차, 회색 점선: 95% 신뢰
구간)

지구 표면 근처의 기온 변화를 살펴보면 다음과 같은
세 가지 주요 단계를 관찰할 수 있습니다(그림 9). 20세기 초
반에 시작된 첫 번째 단계는 1940년대까지 이어진 온난화
였습니다. 인류가 초래한 기후 변화 요인과 더불어 기후 체
계 내부의 변동성이 중요한 역할을 했습니다. 특히, 처음에
는 태평양이 따뜻해졌다가 그 이후에는 대서양까지 따뜻해
진 것이 주요했습니다.

5. 인류가 초래한 기후 변화

1945년부터 1975년까지 이어진 두 번째 단계에서는 온난화 추세가 정체되었습니다. 대서양과 태평양의 온도가 다시 내려갔으며, 인류가 초래한 온실가스 효과가 대기 중 에어로졸의 급격한 증가로 상쇄되었습니다. 에어로졸은 온실가스와는 다른 인위적인 요인으로서 태양 복사의 일부를 차단하여 지표 근처의 기온을 낮추는 역할을 합니다.

　　1970년대 중반 이후의 세 번째 단계는 현재까지 이어지는 또 다른 온난화의 단계로서, 이 기간에 인류가 초래한 온실효과가 다른 모든 요인을 압도하면서 온도는 약 1°C 상승했습니다. 예상대로 육지가 해양보다 더 빠르게, 그리고 중위도가 열대 지방보다 더 빠르게 따뜻해졌습니다. 열대 지방에서는 추가적인 열에너지가 지표면 근처에서 물질의 증발을 촉진합니다. 이 에너지는 구름이 형성될 때 약 10킬로미터 상공의 대기로 방출되기 때문에 열대 지방에서는 이 높이에서 기온이 가장 크게 상승합니다. 반면 북극에서는 지표면 근처에서 온난화가 가장 두드러지게 나타납니다. 온난화는 그린란드 빙상과 해빙의 변동에 영향을 미치며, 둘 다 1970년 중반 이후 심각하게 감소했습니다. 빙하가 줄어들면서 알베도라 불리는 지표면의 반사율도 감소해 온난화는 더욱 가속화되었습니다. 남극에서도 이와 같은 온난화의 영향이 점차 분명하게 관찰되었습니다.

과학계는 19세기 말부터 인류가 초래한 온실효과를 인식하기 시작했습니다. 장-밥티스트 푸리에Jean-Baptiste Fourier, 1768~1830는 1824년에 대기 중 특정 가스가 지구에서 방출되는 열복사를 차단함으로써 온실효과가 발생한다는 가설을 제시했습니다. 19세기 중반 이후에는 존 틴들John Tyndall, 1820~1893이 몇몇 가스에 대해 이러한 효과를 측정하는 데 성공했습니다. 그러나 최초로 대기 전체의 온실효과를 정밀하게 측정한 인물은 스반테 아레니우스Svante Arrhenius, 1859~1927였습니다. 아레니우스는 한 걸음 더 나아가 1897년 에는 대기 중 온실가스 농도가 두 배로 증가할 때 발생할 수 있는 온난화의 수준까지 계산해냈습니다.

기후에 서로 반대되는 영향을 미치는 인위적 온실효과 와 에어로졸의 관계는 일부 전문 문헌을 제외하고는 거의 논의되지 않는 주제입니다. 그러나 이 문제는 기후학적 관 점과 사회사적 관점 모두에서 더 많은 주목을 받을 가치가 있습니다. 1945년에서 1975년 사이의 온난화 정체 단계 는 제2차 세계대전 이후 시작된 장기간의 경제 성장 시기와 겹칩니다. 이 시기는 인위적인 에어로졸, 흔히 말하는 '대기 오염'의 급격한 증가로 특징지을 수 있습니다. 에어로졸의 급격한 증가는 산업적 생산만으로는 온전히 설명되지 않으며, 대량으로 보급된 내연기관이 교통과 이동수단으로 광범위하게 사용되면서 화석 연료 연소가 대폭 증가한 것도 중요한 원인이었습니다.

개인용 교통수단의 확산은 미국에서 이미 1920년 이전부터 시작되었으며, 제2차 세계대전 후에는 유럽에서도 그 추세가 이어졌습니다. 자동차의 대중화는 도시 교통에 혁명을 가져왔지만, 동시에 대도시의 스모그 문제를 크게 악화시켰습니다. 대규모 건강 문제와 이에 따른 항의 시위가 빗발친 후에야 몇몇 국가가 대기 오염을 줄이기 위한 법안을 도입했습니다. 일례로 1952년 런던 스모그 대참사로 약 1만 2000명이 사망하자, 영국 의회는 1956년 대기 오염을 규제할 목적으로 청정대기법Clean Air Act을 제정했습니다.

지리적으로 봤을 때 에어로졸은 전후 경제 호황기 동안 주로 북미와 유럽 지역에 집중되었습니다. 그러나 오늘날에는 인도와 중국 같은 성장 국가가 인류 건강에 미치는 대기 오염을 포함하여 심각한 영향을 끼치고 있습니다. 전 세계를 대상으로 한 기후 모델에 따르면, 대기 오염으로 인해 매년 약 361만 명의 사람이 초과 사망하고 있는 것으로 추정됩니다. 초과 사망자의 약 65%, 그리고 인위적 에어로졸로 인한 한랭 효과의 약 70%가 화석 연료의 연소에 의한 것으로 파악됩니다.

제2차 세계대전 이후 지구 온난화의 정체와 이 과정에서 에어로졸이 했던 역할은 1970년대 과학계에서 논쟁의 대상이 되었으며, 이 논쟁은 오늘날까지도 기후 변화 부정론자들에 의해 미디어에서 반복적으로 소환됩니다. 이들은 인위적인 배출이 기후에 미치는 영향이 논쟁의 여지가 있다는 증거로 과학계의 이 논쟁을 이용합니다. 그러나 1970년대의 이 논쟁은 인위적 온실효과와 인위적 에어로졸 사이의 비중에 대한 것이었으며, 온실가스가 온난화를 일으킨다는 사실 자체는 논쟁의 대상이 아니었다는 사실은 언급하지 않습니다. 물론 논쟁 초기에는 몇몇 기후학자가 에어로졸의 한랭 효과가 대기 중 온실가스 농도의 증가로 인한 온난화 효과보다 더 크다고 추정했습니다. 그러나 1970년대 말에 들어서는 이러한 견해를 지지하는 과학자는 거의 없고, 지구가 다음 빙하기로 접어들 것이라는 지구 한랭화 이론은 더 이상 유효하지 않게 되었습니다.

한편으로는 온실가스, 다른 한편으로는 에어로졸에 의해 발생하는 인위적 영향은 분명 심각한 딜레마를 낳습니다. 이는 건강상의 이유로 대기 오염을 정치적으로 규제하는 것이 바람직하지만, 그 결과 온실가스 배출로 인한 온난화 효과가 더욱 강화될 수 있다는 점에 기인합니다. 만약 인위적 온실효과가 지금과 같이 통제되지 않은 채 계속된다면 이 문제는 더욱 심각해질 것입니다. 현재까지 에어로졸은 온난화 효과의 약 $0.73^{\circ}C$를 상쇄하고 있는데, 만약 이 효과가 없었다면 북아메리카와 동북아시아의 온도 상승은 이미 $2^{\circ}C$에 달했을 것입니다.

이것 외에 또 다른 딜레마가 있는데, 이는 에어로졸이 강수량을 강화하는 효과에 기인합니다. 특히, 인도와 중국, 중미, 서아프리카, 사헬 같은 인구 밀집 지역이 큰 영향을 받습니다. 인위적으로 미세먼지를 줄이면 이 지역의 강수량이 감소하여 많은 사람들이 물과 식량 문제에 처할 가능성이 큽니다.

지구 온난화의
영향

20세기 전체와 21세기 초에 걸쳐 나타난 전 지구적 기후 온난화의 영향은 경제, 사회, 문화 분야에서 다양한 형태로 나타나고 있습니다. 그러나 이에 대한 역사학적 연구가 충분히 이루어지지 않았기 때문에 아직은 큰 틀에서만 파악할 수 있습니다. 따라서 다음에서 제시하는 내용은 온난화의 영향을 포괄적으로 개괄한 개요에 불과하며 어쩔 수 없이 선택적으로 다룬 부분도 있습니다.

20세기 초에 시작된 온난화는 일련의 기후 이상 현상과 깊은 관련을 맺고 있습니다. 1890년부터 1910년까지 인도의 여름 몬순이 약하게 나타났으며, 1919년부터 1940년대까지 북극과 북대서양 지역에서 이례적인 온난화가 관찰되었습니다. 또한 다양한 지역에서 반복적으로 가뭄과 폭염이 발생했습니다.

세기 전환기에 인도에서 몬순이 약했던 것은 태평양 표면 온도의 이상 현상, 즉 20세기 초 온난화의 요인과 관련이 있었습니다. 1895~1905년에 강수량이 큰 폭으로 감소하면서 반복적으로 가뭄이 발생했고, 특히 1899년에는 인도 서부와 중부 지역에서 몬순이 완전히 멈추어 농작물 수확량이 급감했습니다. 이로 인해 약 6000만 명이 피해를 입었으며, 몇 년 전인 1896~1897년과 마찬가지로 높은 사망률을 동반하는 대규모 기아 사태가 발생했습니다. 영국이 직접 식민 통치하고 있던 지역에서만 약 100만 명이 영양실조로 사망한 것으로 추정됩니다. 여러 증거가 영국의 식민 지배가 인도인의 회복력을 심각하게 약화했음을 시사합니다. 1870년부터 현재에 이르기까지 인도는 총 여섯 차례의 심각한 기근을 경험했습니다(1873~1874년, 1876년, 1877년, 1896~1897년, 1899년, 1943년). 이 중 다섯 차례의 위기는 엘니뇨 현상이 발생한 해 동안 일어난 가뭄과 관련이 있습니다. 1943년의 벵골 기근만이 제2차 세계대전과 관련해 분배 문제로 발생한 기근이었습니다. 그러나 1947년에 독립한 이후 인도는 높은 사망률을 초래한 식량 위기를 다시는 경험하지 않았습니다.

북극 지역의 온난화는 1919~1925년의 급격한 기온 상승과 함께 시작되었으며, 이 시기 북극해의 스발바르 제도에서 측정된 평균 기온은 1913~1918년보다 3°C나 높았습니다. 북극의 기후 이상 현상은 1930년대에도 계속되었고, 미국, 멕시코, 캐나다의 일부 지역에서는 가뭄과 기록적인 폭염이 반복적으로 발생했습니다. 특히, 미국 중서부의 그레이트 플레인스는 8년 동안 지속된 가뭄으로 큰 피해를 입었습니다. 폭풍으로 인해 건조한 들판에서 모래 먼지가 치솟았고, 모래 폭풍은 이때의 재앙을 상징하는 이미지로 남았습니다.

미국 정부는 남북전쟁(1861~1865년) 기간에 그레이트 플레인스로의 이주와 새로운 농지 개척을 적극 장려하였습니다. 이 정착 프로젝트는 오랜 기간 규칙적이고 풍부한 강수량 덕분에 순조롭게 진행되었습니다. 이때의 풍부한 강수량은 이 지역의 건조한 기후를 감안했을 때 비정상적인 것이었는데, 어쨌든 당시에는 수십 년에 걸쳐 계속해서 새로운 농부들이 자신감을 갖고 이주해왔습니다. 그러나 '모래 폭풍Dust Bowl' 시기에 많은 농부들이 그간 개척했던 땅을 버리고 이곳을 떠나야 했습니다. 이 위기는 1929년 대공황을 겪고 있던 미국 사회에 더욱 큰 타격을 주었습니다. '모래 폭풍'은 존 스타인벡John Steinbeck, 1902~1968의 소설《분노의 포도》◇를 통해서 미국 사람들의 문화적 기억에 깊이 각인되었습니다.

20세기 초의 온난화 기간에 호주 동부 또한 1805~1902년과 1937~1945년에 두 차례의 장기 가뭄을 겪었습니다. 이 중 1937년에 시작된 가뭄은 1939~1942년 동안 계속된 엘니뇨 현상으로 더욱 심해졌습니다. 1939년의 폭염과 빅토리아 주에서 발생한 '검은 금요일의 산불'은 오늘날까지도 호주인의 집단 기억에 뿌리 깊게 남아 있습니다. 중부 유럽 역시 1940년대에 일련의 따뜻하고 건조한 여름과 추운 겨울을 경험했습니다.

1975년 시작된 20세기 후반의 새로운 온난화 역시 이

◇   미국 경제 대공황 당시 은행에 땅을 빼앗겨 어쩔 수 없이 이주를 했던 일가의 이야기를 다루고 있는 소설로 1940년에 퓰리처상을 수상했다.

전과 마찬가지로 가뭄과 폭염 증가의 특징을 보입니다. 호주에서는 1997년부터 2009년까지 '밀레니엄 가뭄'이 지속되었으며, 1965~1968년과 1982~1983년에는 짧지만 비정상적인 가뭄이 발생했습니다. 또한 지난 70년 동안 호주 대륙 전역에서 기온이 상승했습니다. 기온 상승은 모든 계절에 걸쳐 나타났지만, 봄철 기온 상승이 1°C로 가장 높았고 여름철 기온 상승은 0.5°C로 가장 낮았습니다. 최고 기온을 기록한 날의 수는 지난 50년 동안 매 10년 단위로 꾸준히 증가했으며, 최저 기온을 기록한 날의 수는 계속해서 감소했습니다. 강수량의 총량은 거의 변하지 않았으나 강수량의 지리적 분포는 달라졌습니다. 인구가 가장 밀집한 호주 남동부와 퍼스 인근의 남서부 지역에서는 강수량이 현저히 감소했지만, 사람이 거의 살지 않는 북서부 지역에서는 강수량이 큰 폭으로 증가했습니다.

호주의 여러 넓고 건조한 지역은 1939년과 2009년에 발생한 산불과 같은 대형 화재가 일어날 수 있는 환경을 제공합니다. 빅토리아 주에서 2009년 발생한 산불은 4500㎢에 달하는 지역을 황폐화했을 뿐만 아니라 173명의 사망자를 냈습니다. 한편 2000년대 초에 호주에서 지속된 '밀레

5. 인류가 초래한 기후 변화

니엄 가뭄'은 2010년 1월과 2월의 태풍 올가^{Olga}가 상륙하면서 끝났습니다. 그러나 올가가 상륙하면서 발생한 폭우는 호주 북동부 지역에 심각한 홍수 피해를 입혔습니다. 이보다 더 큰 재앙은 2010년 12월 태풍 타샤^{Tasha}가 퀸즐랜드주에 상륙하면서 발생한 홍수로 인해 일어났습니다. 이 홍수로 수십만 명의 사람이 대피해야 했습니다. 호주에는 이와 같은 사례가 여러 차례 일어났으며, 이는 개발도상국뿐만 아니라 경제적으로 풍요로운 국가에서도 기후 변화로 인해 국내 이주와 거주지 이전의 문제가 발생할 수 있다는 것을 보여줍니다.

2010년은 더욱 많은 폭염과 가뭄이 발생한 해였습니다. 특히, 러시아 서부는 여름에 큰 타격을 받았습니다. 6월에 가뭄이 시작된 이후 7월에는 모든 주요 밀 생산지가 심각한 물 부족을 겪었습니다. 그 결과 수확량이 전년 대비 70% 감소했습니다. 러시아 정부는 8월에 밀 수출 금지령을 내렸고, 전 세계적으로 밀 가격은 급등했습니다. 다른 지역에서도 가뭄이 발생하여 밀 가격은 더욱 급등했습니다. 시리아와 레반트 지역 일부 역시 2006년부터 2010년까지 지속적인 가뭄에 시달렸습니다. 가뭄과 이에 따른 밀 가격의 급등은 2010년 말부터 2011년 봄까지 지속된 일련의 봉기와 혁명, 즉 '아랍의 봄'의 전조를 이룹니다.

그러나 2006년부터 2010년까지 지속된 가뭄이 알 아사드 정권에 맞선 봉기와 시리아 내전의 발발에 어느 정도의 정치적 영향을 끼쳤는지에 관해서는 논란이 있습니다. 일부에서는 이미 가뭄 이전부터 시리아에 인도주의의 위기가 있었다는 사실을 강조합니다. 심지어 가뭄과 기후 변화 같은 외부 요인을 강조하는 것은 오히려 역효과를 낳는다는 주장도 제기되었습니다. 이러한 주장에 따르면, 외부 요인을 강조함으로써 혼란에 대한 시리아 정부의 책임 및 봉기의 정치적, 경제적 동기에 대한 관심이 약해질 우려가 존재합니다. 그러나 바로 이러한 비판이야말로 기후 변화를 전 세계적 정치의 한 요소로 이해하지 않고, 단순한 '자연의 영역'으로 분리하여 비정치화하려는 기존의 낡은 사고방식을 보여줍니다.

지구 온난화의 가장 심각한 영향으로 빙하가 녹는 것과 해수면 상승을 꼽을 수 있습니다. 유럽의 알프스, 히말라야, 안데스, 뉴질랜드 등 여러 지역에서 내륙 빙하의 양이 서서히 줄어들고 있습니다. 천천히 일어난 이 과정은 19세

5. 인류가 초래한 기후 변화

기 중반 알프스 빙하량이 최고점을 기록한 이후 과학적 방법으로 관찰되었습니다. 일부 빙하는 이미 완전히 사라졌으며, 다른 빙하도 수십 년 안에 같은 운명을 맞이할 예정입니다. 이는 여름철 빙하에서 녹은 물의 양에 따라 수위가 좌우되는 하천 시스템에 큰 영향을 끼칠 것입니다. 심지어 극지방의 빙하도 점점 줄어들고 있습니다.

내륙 및 극지방의 빙하가 녹는 것은 해수면의 절대적 상승을 초래합니다. 더욱이 해양 수온의 상승에 따른 물의 열팽창과 침식 과정으로 많은 해안선이 상대적으로 가라앉는 현상이 일어나 해수면 상승을 가속화하고 있습니다. 태평양 지역의 투발루, 바누아투, 키리바시 같은 섬나라들은 국가 주권과 영토적 통합성이 위협을 받고 있습니다. 남태평양의 많은 섬은 해수면 위로 불과 몇 미터밖에 솟아 있지 않으며, 그 폭도 불과 몇백 미터에 불과합니다. 이 '가라앉는 섬들'은 기후 변화에 적응할 수 있는 역량이 극도로 제한적입니다. 소금물이 점점 농경지와 지하수를 오염시키고 있기 때문에 해수면 상승은 이미 사람들의 생활에 지대한 영향을 미치고 있습니다.

여기에 더해 태평양의 수온 상승에 따른 산호초의 백

화 현상은 어류 자원의 감소로 이어지고 있으며, 이는 다시 섬 주민의 식량 안전이 위협받는 결과로 이어지고 있습니다. 현재 남태평양의 22개 섬나라에는 약 700만 명의 인구가 거주하고 있습니다. 그러나 섬뿐만 아니라 방글라데시와 같이 해안에 인접한 저지대와 평야 지역도 지속적인 침수 위험에 노출되어 있으며, 이는 수억 명의 사람들에게 심각한 피해를 입힐 수 있습니다. 현재로서는 국제적 이주가 이러한 위험에 노출된 사람들에게 유일한 중장기적 선택지로 보입니다.

단절로서의
산업화

오늘날 인류가 초래한 기후 변화는 기후의 역사에 있어서 극적인 단절을 의미하며, 이러한 단절의 성격은 신석기 시대 농업혁명의 도입보다도 급진적입니다. 지구의 역사에서 과거 그 어느 때에도 어느 한 종의 활동이 이처럼 단기간에 지구 기후를 변화시키는 주요 동력이 된 적은 없었습니다. 과학적으로 인정받는 설명은, 우리가 막대한 양의 화석 연료를 연소하여 이산화탄소를 비롯한 기타 온실가스를 대기 중에 방출함으로써 자연적인 온실효과가 강화되었다는 것입니다. 이 모든 것은 산업화 과정에서 도입된 증기기관이나 내연기관 같은 기술적 혁신 때문에 가능해졌습니다. 이러한 기술을 사용해 인류는 석탄, 석유, 가스를 연소하여 열

에너지를 생성하고, 이를 운동에너지로, 그리고 다시 전기 에너지로 전환하면서 전력을 생산합니다. 화석 연료를 통한 에너지 전환은 인위적 기후 변화의 가장 중요한 전제 조건이며, 다름 아닌 바로 이 지점에서 현대 기후의 역사는 산업화와 불가분의 관계를 맺습니다.

오랫동안 역사학자들은 산업화를 근대화와 동일시했으며, 이러한 관점에서 근대를 전근대적 시기와 대조해서 바라보았습니다. 교과서적 성격을 띠고 있는 이러한 시대 구분은 지난 몇십 년간 다양한 관점에서 정당한 도전을 받았습니다. 예를 들어 세계사적 관점에서 보자면, 유럽 및 북대서양 지역의 발전을 기준으로 한 이와 같은 시대 구분이 처음부터 유럽 중심적 시각에 갇혀 있는 것은 아닌지 묻지 않을 수 없습니다. 인류가 초래한 기후 변화를 하나의 단절로 바라보는 기후의 역사 또한 근대 산업화의 역사와 긴밀하게 연관되어 있다는 점에서 같은 딜레마에 직면합니다.

이 문제를 간단히 해결할 방법은 없습니다. 한편으로 인류가 초래한 기후 변화가 가지는 중요성을 인정하기 위해서 기후 변화를 야기한 산업 에너지 전환의 역사적 역할을 강조하지 않을 수 없습니다. 산업화의 연대기를 그 시작점까지 거슬러 올라가면 필연적으로 유럽과 북미로 이어질 수밖에 없습니다. 이는 단순히 역사를 서술하는 데 있어서 중요한 문제일 뿐만 아니라, 기후 문제를 어떻게 해결할 것인지 논의하는 데도 중요한 의미를 가집니다. 온실가스 배출량을 역사적으로 계산한 결과는 기후 변화에 대한 책임이 시간과 공간에 따라 매우 불균등하게 분포되어 있다는 것을 보여주기 때문입니다(이에 대해서는 이 책 214~219쪽을 참조할 것).

이러한 불균등의 배경에는 경제적, 기술적, 정치사회적으로 매우 다른 산업 발전의 경로가 존재합니다. 냉전의 종말까지 20세기를 특징지었던 자유주의 시장경제와 사회주의 계획경제의 체제를 비교하면 두드러지는 차이를 확인할 수 있습니다. 두 체제의 대립은 1917년 러시아에서 '10월 혁명'이 일어나면서 본격화되었고, 제2차 세계대전 후 두 체제에 기반한 블록이 형성되면서 공고해졌습니다. 초기의 소련, 그리고 냉전 단계에서는 다른 동유럽 사회주의 국가들이 반자본주의적 경제 질서 하에서 산업화를 추진했습니다. 냉전이 끝났을 때 이 국가들의 산업화에 심각한 결함이 있다는 점은 너무나 명백해 보였습니다. 따라서 1992

년 유엔 기후 변화 협약에서 이 국가들은 시장경제로 전환 중인 체제로 인정받았습니다.

20세기에 산업의 발전은 유럽과 북미를 넘어 전 세계적으로 막대한 매력을 발휘했습니다. 산업화가 곧 경제 발전과 번영을 약속하는 것과 다름없었기 때문입니다. 근대 역사에서 오랫동안 근대화는 곧 산업화의 동의어로 여겨졌습니다. 근대 국가들은 자국이 자본주의와 사회주의 중에서 어떤 체제를 따르는지와 상관없이 경제 및 사회의 근대화 발전 계획을 세울 때 산업화를 핵심 목표로 삼았습니다.

그러나 역사를 서술하는 데 있어 위와 같은 사실이 유럽과 북미의 발전 경로가 보편적 기준이 되는 근대화의 서사로 연결되지는 않습니다. 오히려 기후 변화와 그로 인한 위험성은 산업화와 그로 인한 근대화의 어두운 면을 드러냅니다. 오늘날 기후 변화는 멸종 위기, 해양 산성화, 산업적 환경 재앙, 화학적 오염, 물 부족, 질소 및 인 순환의 변화 같은 주요 환경문제와 결합하여 유한한 자원을 가진 지구라는 행성에서 이루어지는 성장과 번영의 한계를 여실히 보여줍니다. 지속 가능성을 연구하는 스웨덴의 환경학자 요한 록스트룀Johan Rockström, 1965~은 이를 설명하기 위해

'행성적 한계'라는 개념을 고안했습니다. 록스트룀에 따르면, 지구가 가진 한계를 넘어서려는 경제 및 사회 발전은 지구 생존의 기본을 파괴하며 미래의 지속 가능성을 불안하게 만듭니다. 따라서 산업 발전을 긍정적으로만 그리는 근대화의 서사는 19세기 이후 기후의 세계사를 서술하는 데 적합한 틀이 될 수 없습니다.

불평등과
역사적 책임

인류가 초래한 기후 변화의 원인으로서 산업화를 살펴볼 때 결정적인 요소는 화석 연료입니다. 화석 연료의 연소는 이산화탄소를 비롯한 온실가스의 배출을 증가시키며, 이는 자연적인 온실효과를 강화합니다. 이러한 배경에는 경제적 요인이 자리 잡고 있습니다. 번영과 성장을 추구하는 과정에서 지금까지의 모든 경제적 발전 경로는 예외 없이 화석 연료에 의존해왔습니다.

사실 영국에서 나무에서 석탄으로의 에너지원 전환은 이미 16세기 후반, 즉 산업화 이전에 시작되었습니다. 유럽에서 가장 빠르게 성장하는 도시였던 런던에서는, 특히 일반 가정에서 값싼 석탄을 구입해 난방과 요리에 필요한 열

5. 인류가 초래한 기후 변화

에너지원으로 사용했습니다. 일부 수공업 부문에서도 유사한 수요가 있었으나, 아직 화석 연료에 기반한 산업 활동은 널리 이루어지지 않았습니다. 이후 18세기에 시작된 산업화 초기에도 주로 직물 산업을 중심으로 한 수공업과 제조업에서 노동의 분업화와 작업 과정의 기계화로 특징지어졌습니다.

화석 연료 기반의 산업화 방식은 증기기관과 같은 몇 가지 핵심 기술의 상용화를 통해 서서히 발전했습니다. 증기기관은 여러 방면으로 석탄 채굴을 촉진했습니다. 특히, 광산에서 갱도에 고인 물을 퍼낼 때 매우 뛰어난 성능을 발휘했습니다. 지하 공사 기술의 발전과 결합되어 더 깊은 곳에 있는 석탄의 채굴도 가능케 했습니다. 이후 증기기관은 운송에도 사용되었습니다. 특히, 철도는 석탄을 저렴한 비용으로 장거리 운송할 수 있는 해법이었습니다. 나아가 에너지 저장 및 분배 기술, 전압기와 같은 기술 혁신은 화석 연료 에너지를 다른 형태의 에너지로 변환하는 것을 가능하게 하여 기계적 생산과 화석 연료 간에 새로운 연계를 만들어냈습니다. 산업화의 본고장인 영국에서는 석탄과 산업이 결합하는 과정이 이처럼 단계적으로 이루어졌습니다.

석탄과 산업이 하나로 결합된 이후 화석 연료에 기반한 산업화는 다른 나라들에서도 하나의 모범으로 자리 잡았습니다. 가장 먼저 벨기에, 프랑스, 독일, 그리고 미국이 산업화에 성공했으며, 이들 국가는 영국의 사례를 참고하여 산업화 속도를 높일 수 있었습니다. 나무에서 석탄으로의 전환이 영국에서는 200년 넘게 걸렸지만, 프랑스에서는 75년(1800~1875년), 스웨덴에서는 55년(1855~1910년), 미국에서는 41년(1843~1884년) 만에 이러한 변화가 이루어졌습니다. 아시아에서 가장 먼저 산업화를 이룬 일본은 단 31년(1870~1901년) 만에 산업화에 성공했습니다. 러시아(이후 소련)에서는 산업화에 일본보다는 조금 더 긴 50년(1885~1935년)이 필요했습니다.

산업화의 역사는 전반적으로 불균등한 발전을 보여줍니다. 이런 불균등은 화석 연료 체제를 구축하고 운영하기 위한 기술의 확산 과정에서도 마찬가지로 유효합니다. 그리고 이런 불균등은 오늘날 국제적인 기후 협상에서 중요한 역할을 합니다. 불균등의 문제는 전통적인 산업국가와 개발도상국의 관계에 있어 정의로움과 관련된 질문을 제기하게끔 만듭니다. 예를 들자면, 어떤 국가가 온실가스 배출을 줄일 의무가 있을까요? 모든 나라가 동등한 의무를 지닐까요? 혹은 산업국가들만 책임을 져야 할까요? 2°C 이상의 지구 온난화를 막기 위해 탄소 배출량을 어떻게 배분해야 할까요? 개발도상국은 화석 연료를 통해 성장과 번영을 추구할 정당한 권리를 가질까요? 아니면 이를 포기해야 할까요? 기후 변화의 주요 원인을 제공한 국가들은 기후 변화에 거의 관여하지 않은 국가들이 그 영향을 극복할 수 있도록 어떻게 도와야 할까요?

이러한 질문에 대한 답을 찾아가는 과정에서 인류가 초래한 기후 변화에 대한 역사적 책임은 핵심 요소입니다. 기본적으로는 온실가스 누적 배출량을 근거로 사용합니다. 그러나 한 국가가 오랜 시간에 걸쳐 배출한 온실가스 누적량이 다른 국가와의 관계에 있어 해당 국가가 가져야 하는 상대적 책임을 오롯이 의미하지는 않습니다. 모든 국가가 단일한 형태를 지니고 있지 않으며, 각 국가는 지구상에 자리 잡고 있는 지리적 위치, 천연자원의 유무, 기후, 식생의 분포 등에서 차이를 보입니다. 게다가 국가들 사이에는 무엇보다도 인구의 규모와 그 생활 방식에 큰 차이가 있으며, 이는 천연자원의 소비에도 중요한 영향을 미칩니다. 즉, 한

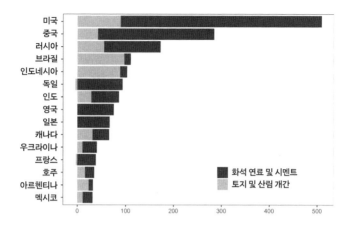

[그림 10] 주요 국가의 이산화탄소 누적 배출량
(단위: 기가톤, Gt)

국가의 배출량은 시간에 따라 누적될 뿐만 아니라, 해당 영토에 거주하고 있는 인구수, 1인당 에너지 소비량, 토지 이용 방식과 강도에 따라서도 달라집니다.

이와 같은 모든 차이는 단순한 누적 배출량 계산에서는 드러나지 않습니다(그림 10). 그럼에도 불구하고 국가 중심의 관점은 어느 정도 정당화될 수밖에 없는데, 이는 기후 변화에 대한 대응책을 협상하는 주체가 국가이기 때문입니다. 이산화탄소 누적 배출량 계산에 따르면, 가장 큰 비중

5. 인류가 초래한 기후 변화

을 차지하고 있는 국가는 미국입니다. 미국은 이미 30년 전, 50년 전, 70년 전에도 가장 많은 이산화탄소를 배출한 국가였습니다. 그리고 현재는 중국과 러시아 등 비유럽 산업 국가들이 미국의 뒤를 따르고 있음을 확인할 수 있습니다. 산업화의 역사를 자랑하는 프랑스, 영국, 독일과 같은 국가는 점차 브라질, 인도네시아, 인도 같은 국가들에게 따라잡히고 있거나 이미 추월당했습니다. 브라질과 인도네시아의 경우에는 주로 토지 및 산림 이용 과정에서 이산화탄소를 배출합니다.

현재의 이산화탄소 누적 배출량은 시간적으로 늦게 산업화 경로에 진입한 국가들의 가속화된 산업화를 반영하고 있습니다. 대표적인 국가가 중국인데, 중국을 비롯한 몇몇 국가들이 더 많은 누적 배출량에 책임이 있는 이유는 근래에 산업화에 뛰어들었기 때문이 아닙니다. 기후 체계에 있어 중요한 것은 산업화의 시간적 길이가 아니라 배출량의 총합입니다. 특히, 인구가 많은 국가가 화석 연료 기반의 산업화 과정을 거칠 때 이산화탄소 배출량은 매우 빠르게 누적됩니다.

화석 연료 체계의
변화

19세기 이후로 산업화는 여러 차례 변화를 겪어왔습니다. 이러한 변화를 설명하기 위해 '제1차 산업화'와 '제2차 산업화', 또는 '인더스트리 1.0'과 '인더스트리 2.0' 같은 용어가 널리 사용되기 시작했습니다. 이런 구분은 기본적으로는 산업과 생산 방식의 변화, 예를 들어 중공업에서 화학산업으로의 변화나 산업화된 국가에서 노동 방식의 변화를 지칭하기 위해 사용되었습니다. 그러나 이러한 전환 과정에서 그 무엇도 화석 연료 기반의 경로에서 근본적으로 벗어나지는 않았습니다.

　1980년대 영국, 미국, 프랑스, 독일 등 전통적인 서구 산업국가에서 시작된 탈산업화 역시 화석 연료를 대체하거나 화석 연료 연소로 인한 배출량의 감소로 이어지지는 않았습니다. 오히려 화석 연료 자원 소비가 계속 증가했으며, 기껏해야 일시적인 경제 위기나 때때로 높이 치솟은 에너지 가격으로 인해 잠시 정체되었을 뿐입니다. '탈산업화'는 전통적인 중공업과 제조업 생산의 감소 및 해당 산업의 저임금 국가로의 이전을 의미합니다. 탈산업화된 국가들은 저임금 국가로부터 생산된 제품을 수입했으며, 동시에 국내 노동 시장의 중심은 서비스 부문으로 옮겨갔습니다. 그러나 탈산업화된 국가의 경제조차 여전히 화석 연료에 의존하고 있습니다.

이처럼 화석 연료 기반의 에너지 체제는 지금까지 화석 연료를 사용하지 않는 다른 체제로 대체되지 않았습니다. 그러나 화석 연료 기반의 에너지 체제 역시 계속해서 변화를 겪어왔습니다.

이런 변화는 한편으로는 화석 연료 간 전환에서, 다른 한편으로는 교통(철도, 자동차, 항공기), 운송(화물선, 유조선), 통신(전신, 컴퓨터, 휴대전화)처럼 중대한 기술 혁신이 일어난 분야에서 잘 드러납니다. 많은 경우 이와 같은 기술 혁신은 단순히 에너지뿐만 아니라 특정 화석 연료의 물리적, 화학적 특성과도 밀접하게 연관되어 있습니다. 예를 들어 도로, 철도, 해상, 항공에서의 연료 기반 이동 수단의 발전은 연소와 전기화뿐만 아니라 원유를 디젤, 휘발유, 항공유와 같은 연료로 정제하는 화학적, 물리적 과정을 통제할 수 있게 되면서 가능해졌습니다. 또한 특정 화석 자원의 물질적 특성은 화학산업에 여러 가지 구체적인 응용 가능성을 제공했습니다. 원유를 단지 에너지원으로만 사용하는 것이 아니라, 탄소 기반 재료로 사용하여 플라스틱을 생산하게 된 것이 대표적인 사례라고 할 수 있습니다.

　　1800년 이후의 전 세계 1차 에너지 소비 데이터를 기반으로 화석 연료 체제 변화의 대략적인 연대기를 구성할 수 있습니다(그림 11). 19세기는 종종 일괄하여 '석탄의 시대'로 불리지만, 실제로는 "수천 년 동안 지속된 목재 시대의 마지막 시기"였습니다(Smil, Grand Transitions, P. 118). 석탄은 1890년부터 1950년에 주된 에너지원으로 사용되었습니다. 그 이후 석유가 가장 중요한 에너지원이 되었지만, 이때 역시 석탄이 여전히 상당한 비중을 차지하고 있습니다. 1980년 이후에는 천연가스가 세 번째로 주요한 화석 연료 자원으로 부상했습니다. 석유와 가스 매장량에 대한 추정

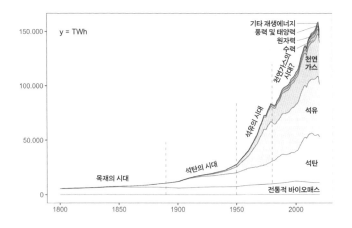

[그림 11] 화석 에너지 체제의 전환:
1800~2020년 동안의 1차 에너지 소비량(단위: 테라
와트시, TWh)은 목재에서 석탄으로, 그리고 석유
및 가스로의 전환을 보여주는 지표로 볼 수 있다.

치 및 향후 수십 년간의 생산량 전망에 따르면, 천연가스는
결국에는 다른 두 주요 화석 연료를 대체하고 화석 연료 시
대의 마지막 단계에서 지배적인 자원이 될 가능성이 높습
니다.

오직 풍력, 태양광, 수력 에너지의 비중을 빠르게 확대
하는 것만이 이러한 추세를 멈출 수 있는 유일한 해결책입
니다. 그러나 현재까지는 이러한 추세 전환의 징후가 보이

지 않고 있습니다. 물론 지난 수십 년에 걸쳐 이러한 대체 에너지원의 사용이 상당히 증가하긴 했지만, 여전히 화석 연료를 대체한다는 목표와는 크게 동떨어져 있습니다. 일부 개별 국가나 유럽연합과 같은 국가 공동체는 과거와 마찬가지로 최근에도 계속해서 야심 찬 기후 목표를 선언했지만, 그럼에도 불구하고 온실가스 배출량에서 명확한 전환은 나타나지 않고 있습니다. 1980년부터 2021년까지 전 지구적 온실가스 배출량은 계속해서 증가했으며, 2009년의 금융 위기와 코로나-19 팬데믹만이 일시적으로 이 증가세를 멈추게 했습니다.

한편 원자력 에너지는 화석 연료 이후의 시대를 위한 징검다리 역할을 할 수 있는 해결책으로 계속해서 거론되어왔습니다. 1986년 체르노빌 원전 4호기가 폭발한 직후에도 일부 독일 물리학자들은 다가오는 기후 재앙을 막을 방안으로 원자력 에너지를 제안했습니다. 최근에는 빌 게이츠Bill Gates, 1955~가 이 방안을 지지하며 직접 투자까지 하고 있습니다. 그러나 현재로서는 프랑스만이 기후 목표 달성에 있어 원자력 에너지를 주요 전략으로 삼고 있습니다. 역사적으로 봤을 때 프랑스의 이런 결단력은 유럽 대륙에서 독자적인 핵무기를 보유하고 있는 유일한 국가라는 지위와 관련되어 있습니다. 이러한 지위는 제2차 세계대전 이후 프랑스의 자존감에 매우 중요한 역할을 해왔고, 원자력에 대한 국민의 반응이 여전히 긍정적입니다. 이러한 배경으로 인해 프랑스에서는 독일과 같은 강력한 반원자력 운동이 형성되지 않았습니다.

전 세계 1차 에너지 소비에서 원자력 에너지가 차지하는 비중은 2010년 이후 약 5%로 유지되고 있으며, 이 비율은 과거 어느 시점에서도 더 높았던 적이 없습니다. 이는 1950년대와 1960년대 예측되었던 '원자력 시대'의 기대에 크게 못 미치는 수치입니다. 당시 원자력 시대의 도래를 믿었던 이들은 원자력 덕분에 가까운 미래에 모든 소비자가 거의 무한정으로 저렴한 에너지를 공급받을 수 있다고 예상했습니다.

이런 예상과 달리 원자력 사용이 정체된 여러 가지 이유가 있습니다. 그 이유 중에는 사용 후 연료봉의 최종 처리 문제와 1979년 미국의 스리마일 섬, 1986년 소련의 체르노빌, 2011년 일본의 후쿠시마에서 발생한 대형 원자로 사고로 인한 집단적 트라우마가 있습니다. 또한 기대했던 저렴한 가격은 실현되지 않았습니다. 원자력 발전소 건설에 막대한 비용이 들어서 경제적으로 수익성이 낮기 때문입니다. 원자력 발전에 대한 투자는 30년이 넘는 긴 기간을 필요로 하는데, 그동안 상당한 정치적, 경제적 불확실성을 해결해야 하는 난제 또한 존재합니다.

그러나 이 모든 이유를 합쳐도 원자력 시대의 실패를 온전히 설명하기에는 부족합니다. 원자력 에너지가 예상과 다르게 전 세계 에너지 생산에서 미미한 역할에 머무르게 된 가장 중요한 원인은 원자력 에너지의 확산이 군사 전략적 이해관계와 전면으로 대치되기 때문입니다. 원자력 발전소를 건설한 국가는 자연히 핵무기 제조에 필요한 기술력도 갖추게 됩니다. 미국과 소련 같은 초강대국뿐만 아니라 프랑스, 영국, 중국도 이미 냉전 시기부터 이러한 기술이 확산되기를 원하지 않았습니다. 1960년대에 협상이 이루어지고 1970년에 발효된 핵확산금지조약은 모든 서명국이 민간 원자력 프로그램을 가질 '불가침의 권리'를 인정하고 있습니다. 실제로도 민간 원자력 에너지를 이용하는 국가의 목록이 군사적 의미에서 핵무기를 보유하고 있는 국가의 목록보다 깁니다. 그럼에도 불구하고 핵보유국들은 핵

무기 확산을 막기 위해 원자력 발전의 확산을 제한하려는 본질적인 이해관계를 여전히 가지고 있습니다. 이는 원자력 에너지에서 원자력 무기로의 전환이 너무나 쉽기 때문입니다. 근래에 이란과의 핵 협상이 이러한 관점을 다시 한 번 보여줍니다.

정치화된
인위적 기후 변화

화석 자원은 수백만 년에서 수억 년에 걸친 지질학적 과정을 통해 형성되며 지구상에 불균등하게 분포해 있습니다. 화석 자원의 불균등한 지리적 분포는 자연스러운 현상이지만, 동시에 각국의 에너지 이해관계 때문에 긴장관계에 놓여 있습니다. 특히, 지난 150년 동안 화석 자원에 대한 접근 가능성의 유무는 지정학에서 결정적인 역할을 해왔습니다. 영국, 미국, 소련과 같은 제국은 세계대전과 냉전 시기에 화석 자원을 활용해 강대국만이 할 수 있는 정책을 펼쳤습니다. 자원의 부족, 가용성, 분배는 화석 연료 지정학에서 지속적으로 중요한 화두가 되었습니다. 이와는 대조적으로 기후 온난화는 1970년대까지도 의미 있는 논의 대상이 되지 않았습니다. 석탄, 석유, 가스의 대량 연소와 인위적 기후 변화 사이의 인과관계가 이미 오래전부터 알려져 있었지만, 이 문제가 정치적 쟁점으로 떠오른 것은 1960년대 중반부터였습니다.

기후 변화가 뒤늦게 정치적 쟁점이 된 데에는 여러 이유가 있습니다. 우선 많은 과학자들이 오랫동안 인위적인 온실효과 강화가 위험이 아니라, 오히려 긍정적인 효과를 가져오리라고 믿었습니다. 예컨대 가이 스튜어트 캘린더Guy Stewart Callendar, 1898~1964는 1938년에 화석 연료 연소가 "열과 에너지 공급을 넘어 여러 방면에서 인류에게 유익함을 가져다줄 것"이라고 보았습니다. 그는 기후 온난화 덕분에 작물 재배의 북방 한계선이 북쪽으로 이동할 수 있을 뿐만 아니라 다음 빙하기가 지연될 것이라고 예측했습니다. 문제가 하나 있었다면, 당시로서는 캘린더가 전후 경제 호황 속에서 화석 연료 소비가 얼마나 빠르게 증가할지를 예측할 수 없었다는 점입니다. 또한 이때까지는 온실가스 배출의 속도와 지속성에 대한 기초적이고 과학적 질문들이 제대로 이루어지지 않은 상태였습니다.

1950년대 후반에 이르러 기후 변화와 그 결과에 대한 과학적 평가는 더 이상 낙관적이지 않았습니다. 1957년 핵 물리학자 한스 에두아르트 쥐스Hans Eduard Süß, 1909~1993와 해양학자 로저 레벨Roger Revelle, 1909~1991은 인류가 과거에도 불가능했고 미래에도 다시 반복할 수 없을 대규모 지구물리학적 실험을 자행하고 있다고 경고했습니다. 쥐스와 레벨은 "우리 인류는 수억 년 동안 퇴적암에 저장된 유기 탄소를 불과 몇 세기라는 짧은 시간 안에 대기와 해양으로 다시 방출하고 있다"고 말하며 사태의 심각성을 환기했습니다.

레벨은 1957~1958년 국제 지구물리 관측년의 일환으로 하와이의 마우나로아산에 대기 중 이산화탄소를 측정하는 관측소를 설치하는 데 성공했습니다. 캘리포니아 공과대학에서 대기 중 이산화탄소를 측정하는 새로운 방법을 개발한 찰스 데이비드 킬링Charles David Keeling, 1928~2005은 이 관측소의 책임자로 임명되었습니다. 킬링은 관측소 책임자로 임명된 후 사망할 때까지 측정을 계속했는데, 그 결과를 보여주는 그래프는 기후학에서 가장 영향력 있는 자료 중 하나가 되었습니다(그림 12).

측정이 시작된 지 불과 몇 년 만에 킬링 곡선은 대기 중 이산화탄소 농도의 지속적인 증가세를 보여주었습니다.

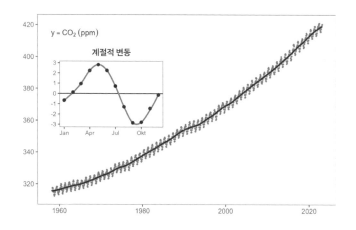

[그림 12] 킬링 곡선:
찰스 킬링이 1958년부터 시작한 하와이 마우나로아산에
서의 이산화탄소 측정 그래프는 2020년 초까지의 월평균
농도(ppm)를 보여준다. 계절적 변동으로 인해 지그재그
패턴이 보이지만, 장기적으로는 이산화탄소 농도가 계속
해서 상승하는 추세를 보인다.

이 곡선은 대기 중에 이산화탄소가 축적되고 있고 계속해
서 증가하고 있다는 점을 분명하게 밝혔습니다. 1960년대
중반에 기후 문제가 정치권에서 중요한 이슈로 등장한 것
은 무엇보다도 마우나로아산에서의 측정 덕분이었습니다.

1965년 2월 미국의 대통령 린든 B. 존슨Lyndon B. Johnson
1908~1973은 '자연의 아름다움 보존과 복원에 관한 특별 담화

문'에서 "우리 세대는 방사성 물질과 화석 연료 연소로 인한 이산화탄소의 지속적인 증가를 통해 대기의 구성을 전 지구적으로 변화시켰다"고 선언했습니다. 미국 대통령이 처음으로 대기 중 이산화탄소 증가의 위험성을 경고한 순간이었습니다. 같은 해 대통령 과학 자문 위원회가 발표한 '우리 환경의 질 회복'이라는 제목의 보고서 또한 킬링의 이산화탄소 측정 결과를 직접적으로 인용했습니다.

1960년대부터 기후 변화는 미국을 시작으로 하나의 새로운 정치 분야로 서서히 발전하기 시작했습니다. 미국 시민의 환경 의식이 높아지면서 1963년에 청정대기법**Clean Air Act**이 제정되었다는 사실 역시 이를 잘 보여줍니다. 이 법에 따라 중금속과 기타 유해 물질로 인한 대기 오염을 방지하기 위해 산업 생산과 교통수단으로부터 배출되는 오염 물질을 규제했습니다. 영국에서는 이미 1956년에 스모그 방지를 위해 동일한 이름의 법이 제정되었습니다. 물론 이러한 법은 기후 변화를 직접적으로 제한하려는 목적을 가지고 있지는 않았지만, 그럼에도 불구하고 주목할 만합니다. 미국 환경보호청은 청정대기법에 대한 해석에 기반해 '기후 보호'를 자신의 관할로 포함했습니다.

　　　　　　　　　5. 인류가 초래한 기후 변화

1978년 미국의 대통령 지미 카터Jimmy Carter, 1924~는 최초로 기후와 직접 관련된 주요 법안인 국가 기후 사업법 National Climate Program Act에 서명했습니다. 그러나 이 법은 탄소 배출 제한을 규정하지는 않았다는 한계를 지닙니다. 그 대신 기후에 관한 기초 연구와 응용 연구를 촉진하고, 기후 변화에 적응하기 위한 기후 서비스 인프라 구축 지원을 목표로 했습니다. 특히, 후자에서는 농작물 생산의 안정성을 확보하는 데 중점을 두었습니다.

한편 1970년대 초에 발생한 석유 위기는 서구 산업국 가들에 에너지 안보와 관련된 중대한 질문을 여럿 던졌습니다. 이에 따라 기후 문제는 점차 에너지 문제와 연계되기 시작했습니다. 기후와 에너지, 이 두 가지 중요한 미래 문제는 과학적으로도 서로 얽히게 되었습니다. 미래 시나리오를 만드는 전략적 사고는 에너지 계획에서 비롯되었으며, 기후학이 이를 차용해 발전시켰습니다.

1979년의 두 번째 석유 위기는 높은 실업률과 인플레이션으로 인해 소비자와 국가 경제가 타격을 받을 경우 기후 보호가 정치적으로 거의 힘을 발휘하지 못한다는 점을 최초로 보여주었습니다. 이 시점에 미국은 석유 수입에 의존하고 있었기 때문에 카터 대통령은 미국 내에서 더 많은 석탄과 천연가스를 생산하는 동시에 원자력 및 태양 에너지를 활용해 에너지 독립을 되찾고자 했습니다. 그러나 이와 동시에 미국 소비자에게 에너지 절약을 촉구한 것은 치명적인 실수로 드러났습니다. 많은 미국인은 이것을 정부가 자신의 생활 방식에 부적절하게 개입하는 것으로 인식했습니다.

카터는 예상치 못한 추가적인 사건들로 인해 더 큰 압박을 받았습니다. 1979년 3월 28일 스리마일 섬에서 발생한 미국 역사상 최악의 원자력 사고와 이란 인질 사태가 그를 큰 곤경에 빠트렸습니다. 이란 혁명의 와중인 1979년 11월 4일에 이란 학생들이 미국에 체류 중인 이란의 통치자 모하마드 레자 팔라비Mohammad Reza Pahlavi, 1919~1980를 본국으로 송환하라는 자신들의 요구를 관철하기 위해 미국 대사관에 침입해 52명의 외교관을 인질로 잡았습니다. 이란의 위기는 카터가 미국 시민에게 미국의 에너지 안보를 우선해야 하는 이유를 설명하는 데 도움이 되었지만, 스리마일 섬 원전 사고는 카터로 하여금 에너지 위기를 극복하기 위해 원래 계획보다 더 많이 석탄에 의존하게 했습니다.

석탄에 더 많이 의존하게 됨으로써 카터는 에너지부의 반발에 부딪히게 되었습니다. 에너지부는 독립적인 과학자 집단인 '제이슨 방위 자문 그룹JASON Defense Advisory Group'에 자문을 의뢰했었는데, 그 결과 1979년 4월에 대기 중 이산화탄소 농도의 증가가 기후에 끼칠 영향에 대한 경고를 담은 보고서가 채택되었습니다. 이 보고서에는 미국 내 석탄 매장량을 확대 이용하는 것에 대한 분명한 반대의 의견도 포함되었습니다.

이에 백악관은 미국 국립과학아카데미에 추가 검토를 요청했고, 1979년 7월에 발표된 차니 보고서Charney Report는 제이슨 기후 모델의 유효성을 확인해주었습니다. 이 모델은 대기 중 이산화탄소 농도가 300ppm에서 600ppm으로 두 배 증가하면 21세기 중반까지 지구 평균 기온이 2~3°C 상승할 것으로 예측했습니다.

제이슨 그룹과 차니 보고서는 1970년대 말부터 기후 변화에 대한 과학적 합의가 이루어졌음을 보여줍니다. 1980년대에 미국 국립과학아카데미와 미국 정부가 의뢰한 추가 과학 보고서들도 인위적인 온실가스가 지구 기후를 따뜻하게 만든다는 데 동의했으며, 세부적인 계산에서도 유사한 결론에 도달했습니다. 이 보고서들에서 새롭게 주목받은 점은 지구 온난화로 인해 예상되는 경제적 영향이었습니다. 이제 온실가스 배출 제한은 단순히 국가 에너지 안보의 관점에서뿐만 아니라, 경제 성장에 미치는 중장기적 영향과 함께 고려되기 시작했습니다.

몬트리올에서
리우에 이르기까지

1980년대 초반은 미국과 소련 사이의 냉전이 극에 달한 시기였습니다. 1979년 소련이 아프가니스탄을 침공하고, 같은 해 말 나토가 서유럽에 새로운 중거리 미사일을 배치하는 내용을 담은 '나토 이중결정NATO Double-Track-Decision'을 승인하면서 10년간의 긴장 완화는 끝이 났습니다. 1980년에는 강경 보수주의자인 로널드 레이건Ronald Reagan, 1911~2004이 카터의 후임으로 새 대통령이 되었습니다.

레이건 행정부로 교체되면서 기후 문제 해결 전망은 어두워졌습니다. 게다가 이때 미국은 인플레이션 위기를 겪고 있었기 때문에 경제적 상황도 밝지 않았습니다. 레이건 행정부는 화석 연료의 무분별한 연소로 인한 지구 온난화를 경고하는 과학자들에게 예민하게 반응했습니다. 기후 모델링 연구에 필요한 자금을 삭감하여 과학자들의 연구를 방해한 것입니다. 마우나로아산에서 진행되던 킬링의 대기 중 이산화탄소 측정 프로젝트 역시 한동안 자금을 지원받지 못했습니다.

　미국 정부가 새로운 방향으로 나아간 것은 레이건의 두 번째 임기 동안이었습니다. 이는 기후 정책과 레이건의 신자유주의 경제 정책인 '레이거노믹스'가 연결되면서 이루어졌습니다. 미국은 1987년에 서명한 '오존층 파괴 물질에 관한 몬트리올 의정서'의 협상 과정에서 주도적인 역할을 했습니다. 오존층 보호를 위해 시행되는 미국 내 환경 규제가 미국에만 불리한 영향을 미치지 않도록 다른 국가도 규제에 참여하도록 만드는 것이 미국의 주요 동기였습니다. 즉, 미국은 국제 협약을 통해 국가 간 환경 규제가 균형을 이루어야 자국의 경제가 세계 시장에서 경쟁력을 상실하지 않고 유지할 수 있다고 판단했습니다. 물론 오존 문제는 전 세계적인 차원에서만 해결될 수 있다는 과학적 합의도 정부에 의해 수용되었습니다. 몬트리올 의정서의 성공은 기후 변화에 대한 국제 협력의 중요한 모델이 되었고, 기후 문제가 머지않은 시간 내에 효과적인 조치를 통해 해결될 수 있으리라는 희망을 주었습니다. 실제로 레이건 행정부와 후임인 조지 H. W. 부시^{George H. W. Bush, 1924~2018} 행정부는 국제 기후 정책을 위한 국제기관 설립을 적극적으로 추진했습니다.

1988년의 기록적인 고온과 가뭄은 기후 문제 해결의 시급성을 다시 한 번 보여주었습니다. 미국 상원의 에너지 및 천연자원 위원회에서 열린 청문회는 미국을 넘어 국제 사회에서도 큰 반향을 일으켰습니다.

1988년 6월 23일 기후학자 제임스 한센^{James Hansen, 1941~}은 청문회에서 "1988년 현재 지구는 기온이 도구를 통해 측정되기 시작한 이후 어느 때보다도 더 따듯하다"라고 밝혔습니다. 그는 지구 온난화가 충분히 명확해졌으며, "그 원인은 온실효과에 기인한다고 충분히 확신을 가지고 말할 수 있다"고 했습니다. 당시 부통령이자 차기 대선을 준비 중이던 부시가 1988년 7월 파리에서 열린 경제 정상회담에서 자신을 세계 환경문제를 해결하기 위해 앞장서는 사람으로 자리매김한 것은 아마도 지구 온난화에 대한 대중의 관심이 커진 덕분이었을 것입니다. 대통령에 당선된 후 부시는 청정대기법을 개정하여 대기 질에 대한 관리를 강화했습니다. 또한 온실가스 배출량 감소를 위한 경제적 인센티브를 제공하는 '배출 상한 및 배출권 거래제Cap-and-Trade'를 처음으로 도입했습니다. 이는 세금 부과 대신 시장 원리를 활용한 정책으로서 레이건과 부시가 주창한 신자유주의 경제 정책의 원칙과도 부합했습니다.

1988년 기후 변화에 관한 정부 간 협의체Intergovernmental Panel on Climate Change, IPCC의 설립으로 국제 기후 정책은 새로운 국면에 접어들었습니다. 이 협의체는 전 세계 온실가스 배출량을 조사하고 정기적으로 기후학의 현황 보고서를 발행하는 임무를 맡았습니다. 1990년 발표된 첫 평가 보고서는 기후 온난화가 실제로 일어나고 있으며, 그 주요 원인이 인위적인 온실가스 배출이라는 과학적 합의가 있음을 분명히 했습니다. 이에 따라 기후 변화에 관한 정부 간 협의체는 기후 변화를 억제하기 위한 집중적인 국제 협력 조치를 권장했습니다.

1992년에는 기후 변화에 관한 유엔 기본 협약United Nations Framework Convention on Climate Change, UNFCCC이 마련되었으며, 리우데자네이루에서 열린 지구 정상회의에서 서명이 이루어졌습니다. 기후 변화에 관한 유엔 기본 협약은 유엔 197개 회원국에 의해 비준되었으며, 이는 일종의 유엔 기후 헌장이라고 할 수 있습니다. 협약에 서명한 국가는 기후 변화가 "인류 전체에 큰 우려를 불러일으킨다"는 점과 온실가스 배출을 줄이기 위한 최대한의 노력이 필요하다는 점에 동의했습니다.

IPCC는 각국에서 제시한 자료를 바탕으로 이산화탄소 배출량 목록을 작성했으나, 초기 단계에서는 토지 이용에서 발생하는 이산화탄소 배출을 포함하지 않았습니다. 예상대로 이 보고서는 이산화탄소 배출량에 있어서 산업국가와 개발도상국 간에 큰 불균등이 있음을 보여주었습니다. 따라서 리우 회담에서는 유엔 내에서 오랫동안 사용되어 온 국가 분류 방식을 따르기로 합의했는데, 이는 국제 개발 정책에도 적용되었던 방식으로 각국은 산업국가와 개발도상국 중 어디로 분류되느냐에 따라 상이한 의무를 지니게 되었습니다. 그리고 여기에 산업국가와 개발도상국 외에 '시장경제로 전환 중인 국가Economies in Transition, EiT'라는 세 번째 범주가 추가되었습니다. 이때는 냉전이 막 끝난 시기였고, 소련은 각 공화국의 자유로운 결정에 따라 해체된 상태였습니다. 제2차 세계대전 후 소련의 패권 아래 형성된 동유럽의 동맹 체제인 '동구권'도 마찬가지로 해체되었습니다. 벨라루스, 불가리아, 에스토니아, 라트비아, 리투아니아, 폴란드, 루마니아, 러시아, 체코슬로바키아, 우크라이나, 헝가리는 이제 사회주의 계획경제 시대를 뒤로하고 시장경제로 전환 중인 국가로 분류되었습니다.

UNFCCC에서 산업국가들은 온실가스 감축과 더불어 개발도상국 및 시장경제로 전환 중인 국가에 기술 지원을 제공할 의무를 지게 되었습니다. 시장경제로 전환 중인 국가 역시 온실가스 배출을 줄여야 할 의무가 있지만, 개발도상국에 대한 기술 이전 의무는 없었습니다. 개발도상국은 한 걸음 더 나아가 온실가스 감축의 의무조차 지지 않았습니다. 이로써 산업국가들은 기후 위기에 대한 자신들의 역사적 책임을 기본적으로 인정했습니다. 이는 기후 정의로 나아가는 중요한 첫걸음이었습니다.

그러나 리우 회담에서 배출량 감축 목표에 대한 구속력 있는 합의가 이루어지지 않았기 때문에 이 첫걸음은 상징적 의미만을 가지게 되었습니다. 부시 대통령은 "미국인의 생활 방식은 협상 대상이 아니다"라고 선언했는데, 이는

5. 인류가 초래한 기후 변화

미국 정부가 자국민에게 화석 연료 사용을 제한하거나 탈화석 연료 체제로의 전환을 강요할 수 없다는 선언과 다름없었습니다. 그 대신 미국 정부는 시장에 기대는 방식을 선택했습니다.

국가적 규제보다 시장 기반의 도구가 선호된 것은 몬트리올 의정서에서 리우 회담까지의 시기 동안에 이루어진 기후 정책의 신자유주의적 성격을 보여줍니다. 신자유주의의 부상과 냉전의 종식이 맞물리면서 이러한 사고방식은 더욱 강력한 권위를 얻게 되었습니다. 서방은 냉전에서 승리한 상태였으며, 소련에 대한 강경한 태도와 레이거노믹스가 현실 사회주의를 무너트렸다는 서사는 신보수주의자들을 넘어 광범위하게 호응을 얻었습니다. 신자유주의 정책의 매력과 그 지속성을 냉전 종식이라는 예상치 못한 상황을 제외하고 설명하기는 어렵습니다. 그리고 이러한 흐름은 기후 정책에도 영향을 미쳤습니다.

교토에서 파리에 이르기까지

리우 회담 이후 국제 기후 정책에서의 새로운 장이 열렸습니다. 이제 UNFCCC에 참여한 국가가 의무적으로 이산화탄소 배출량을 감축하도록 강제할 수 있는 국제 조약을 위한 지속적이고 지난한 협상이 시작되었습니다. 1997년 서명된 교토 의정서에서도 이러한 조치는 이루어지지 못했습니다. 그 대신 온실가스 방출 감축과 기후 보호 정책의 비용 마련을 위한 세 가지의 유연한 메커니즘이 도입되었습니다. 첫 번째로 산업국가와 시장경제로 전환 중인 국가들에 탄소 배출권 거래 제도가 도입되었습니다. 두 번째로 재생에너지와 신기술에 대한 투자로 환경친화적 발전을 촉진하기로 했는데, 이는 개발도상국으로의 기술 이전을 촉진하고 해당 국가의 탄소 배출량 감축에 기여하는 것을 목표로 했습니다. 세 번째는 한 산업국가가 다른 산업국가의 탄소 배출 감축 프로젝트에 투자하여 자국의 배출량을 줄일 수 있는 방법입니다.

교토 의정서의 모든 메커니즘은 실패하거나 아주 적은 성공만을 거뒀습니다. 국가 간 탄소 배출권 거래 제도는 애초의 예상과 달리 화석 연료에서 벗어날 경제적 인센티브를 창출하지 못해 거의 효과가 없었습니다. 교토 의정서는 발표 자체도 매우 더디게 이루어졌습니다. 의정서가 발효되기 위해서는 55개 이상의 회원국이 가입해야 했으며, 이 국가들이 1990년에 발표한 온실가스 배출량을 기준으로 전 세계 이산화탄소 배출량의 최소 55%를 차지해야 했습니다. 그러나 이 기준은 2005년이 되어서야 충족되었습니다. 2011년까지 교토 의정서에 참여한 국가가 차지하는 연간 배출량은 전 세계 배출량의 13%에 불과했습니다. 미국을 비롯한 주요 배출국은 교토 의정서에 끝까지 가입하지 않았습니다.

빌 클린턴Bill Clinton, 1946~ 대통령은 두 번째 임기 말에 교토 의정서에 서명했으나, 그는 이 의정서가 이른바 '버드-

헤이글 결의안'Byrd-Hagel Resolution'의 조건을 충족하지 못한다는 사실을 잘 알고 있었습니다. 따라서 클린턴은 이 의정서의 비준을 상원에 요청조차 하지 않았습니다. 교토 협상이 시작되기 전, 1997년 미국 상원에 의해 만장일치로 채택된 버드-헤이글 결의안은 배출량 감축을 위한 국제 협약이 미국 경제에 손해를 끼쳐서는 안 된다고 명시했습니다. 버드-헤이글 결의안은 또한 미국의 상대적 경쟁력이 떨어지지 않도록 신흥경제성장국도 규제를 받아야 한다고 정했습니다. 이때의 신흥경제성장국이란, 1992년 UNFCCC의 국가 분류에 따르면 개발도상국으로 분류되었던 중국, 인도, 브라질 같은 국가를 의미했습니다. 그러나 클린턴 행정부는 중국과 인도가 이러한 협약을 위한 예비 협상에 참여하도록 하는 어떠한 노력도 기울이지 않았습니다.

교토 의정서가 교착 상태에 빠진 원인은 UNFCCC가 당사국을 그룹별로 분류한 방식에 있었습니다. 이 분류는 '현 상황status quo'을 고착했지만, 이후 몇십 년이 지나면서 현실에 안 맞기 시작했습니다. 국가 분류 기준은 1990년의 온실가스 배출량이었으며, 개발도상국은 정의상 배출량 감축 의무를 지니지 않았습니다. 그러나 중국, 인도, 브라질은 1990년대 들어 급속히 성장하는 경제국으로 발전했습니다. 19세기 이후의 모든 경제 성장 곡선이 그러했듯 이들 국가의 성장도 화석 연료에 의해 추진되었고, 대규모 배출 증가가 자연스럽게 뒤따랐습니다. 이 국가들이 이산화탄소와 기타 온실가스를 대기 중으로 배출하는 양은 매년 급증했습니다. 중국은 국가별 절대 배출량에서 2005년에 미국을 추월했으며, 그 이후 지금까지 줄곧 절대 배출량에서 격차를 벌리며 그 자리를 유지하고 있습니다. 물론 이것은 중국의 인구 규모와도 큰 관련이 있습니다. 1인당 배출량 기준으로는 미국과 호주의 시민들이 중국의 시민들보다 기후 변화에 여전히 더 크게 기여하고 있습니다.

이미 1990년대 후반부터 개발도상국이 온실가스 배출 감축에 참여하지 않는 한 전 지구적 기후 온난화를 성공적으로 억제할 수 없다는 점이 명확해졌습니다. 그러나 중국과 인도는 기후 변화에 대한 역사적 책임이 전통적인 서구 산업국가에 있다는 점을 강조하며 새로운 규정을 받아들이기를 거부했습니다. 이 국가들은 자국의 주권을 지켜야 한다며 강경한 태도를 보였는데, 이는 유럽 식민주의에 대한 역사적 경험 때문에 모든 기후 협상에서 매우 민감한 주제였습니다. 미국 정부 또한 2000년대 초반 이후로는 중국과 인도를 포함하지 않은 배출 감축 협약을 더 이상 받아들이려고 하지 않았습니다. 이러한 의견 대립은 2009년 코펜하겐 회담COP 15의 협상이 실패하는 결과로 이어졌습니다.

코펜하겐에서의 실패 이후 미국은 버락 오바마Barack Obama, 1961~ 대통령의 주도로 중국과 양자 회담을 시작해 2014년에 온실가스 관련 협약을 이끌어냈습니다. 그 결과 2015년 파리 기후 협정의 중요한 선결 조건이 충족되었습니다. 파리 기후 협정에서 UNFCCC 회원국들은 미래 기후 정책에 있어서의 세 가지 주요 축을 정하는 데 합의했습니다. 첫 번째로 기후가 산업화 이전 수준보다 $2^{\circ}C$ 이상 상승하지 않도록 제한하고, 가능하다면 $1.5^{\circ}C$ 이하로 상승 폭을 유지한다는 목표를 수립했습니다. 두 번째로 모든 회원국이 각자가 정한 범위 내에서 온실가스 감축 목표를 설정하도록 했습니다. 이것이 바로 '국가 온실가스 감축 목표Nationally Determined Contributions, NDC'입니다. 이를 통해 기존의 산업국가와 개발도상국 간의 의무 분할이 사실상 폐기되었습니다. 마지막으로 일련의 유연한 다자간 조치가 포함되었습니다. 예를 들어 새로운 배출권 거래제를 도입할 가능성, 개발도상국의 기후 변화 적응 및 온실가스 감축을 지원하기 위한 녹색기후기금Green Climate Fund의 설립, 그리고 산림 보호로 인한 경제적 손실을 보상하는 '산림 파괴 방지를 통한 온실가스 감축Reducing Emissions from Deforestation and Forest Degradation, REDD+' 사업 등이 대표적입니다.

큰 진전이 있었지만, 파리 기후 협정에서 이뤄진 타협에는 대가가 따랐습니다. 각국의 온실가스 배출 감축 목표는 더 이상 과학적 근거에 기반한 계산에 따라 결정하지 않게 되었습니다. 과거에는 이와 관련된 여러 제안이 있었는데, 이 제안들에서는 $2°C$ 이하라는 목표를 더 높은 확률로 달성할 수 있도록 전 지구적으로 필요한 배출 감축량을 산정한 후 각국의 규모와 역사적 배출량을 고려하여 국가별로 배출량 감소 몫을 계산하는 방식을 선택했습니다. 그러나 국가 온실가스 감축 목표에서는 각국이 자발적으로 설정한 배출량 감소 목표가 실제로 전 지구적 목표를 달성하는 데 충분한지 여부가 불확실해졌습니다.

이와 같은 한계에도 불구하고 파리 기후 협정은 전 세계적 기후 정책이 성공한 사례로 평가받습니다. 성공의 열쇠는 역시 각국이 자발적으로 온실가스 배출 감축 목표를 설정한다는 새로운 방식에 있었습니다. 1992년 개발도상국으로 분류된 국가의 관점에서 살펴보면, 이러한 방식이 파리 기후 협정 성공의 핵심이 된 이유를 쉽게 이해할 수 있습니다. 이 방식은 특히 중국과 인도 정부가 자국민에게 전 지구적 온실가스 배출량 감축에 기여하겠다는 정부의 의지를 보다 용이하게 설득할 수 있도록 했습니다. 즉, 국가의 주권을 양보하지 않으면서도 기후 변화 문제를 해결하는 데 동참할 수 있다는 점을 국민에게 강조할 수 있게 되었습니다. 더 이상 서구의 정부나 '서구의 과학'이 중국이나 인도가 져야 할 의무를 '지시'하지 않게 된 것입니다.

6.
'세 번째 대전환'의 시대

인류가 초래한 기후 변화는 전 세계가 에너지 공급 방식을 화석 연료 연소로부터 벗어나는 방법으로만 억제되고 멈출 수 있습니다. 과학자들은 이러한 과제를 '대전환'이라 부릅니다. 이 대전환이 성공하기 위해서는 국제적인 협력이 필수입니다. 만약 이를 성공적으로 이뤄낸다면, 세계사적으로 아주 중요한 의미를 지니는 집단적 성과가 될 것입니다.

이전에 있었던 두 번의 대전환, 즉 농업으로의 전환과 산업혁명은 경제 방식을 뛰어넘어 기존 사회 질서의 완전한 재편을 초래했습니다. 그러나 이 두 번의 대전환 중 어느 것도 사전에 미리 계획된 마스터플랜에 따라 이루어지지는 않았습니다. 오히려 열린 미래 속에서 우연적 요소와 함께 전개되었습니다. 이 때문에 에너지 전환의 역사를 연구한 몇몇 역사학자들은 화석 연료 체제를 계획적으로, 그리고 정치적, 인위적으로 이끌면서 전환하는 작업이 성공할 수 있을지에 대해 의문을 제기합니다. 그러나 항상 과거에 있었던 일이 반복되기만 한다면 역사는 새로운 소식이 없는 신문에 불과할 것입니다.

지속 가능한 사회로의 전환은 전 세계적으로 엄청난 경제적, 사회적 도전을 동반합니다. 파리 기후 협정의 목표를 달성하기 위해서는 2050년까지 에너지 체제의 탈탄소화가 이루어져야 합니다. 이는 석탄, 석유, 천연가스 매장량의 상당 부분을 그대로 땅속에 남겨둬야 한다는 것을 의미합니다. 지난 수십 년 동안 화석 연료를 채굴하고 판매해온 기업들에 이것은 나쁜 소식입니다.

또한 사우디아라비아, 베네수엘라, 러시아와 같이 경제의 대부분을 화석 연료의 수출에 의존하고 있는 국가들에는 더 심각한 악재입니다. 이들 국가는 불과 몇십 년 안에 자국의 경제 체제를 완전히 재구성해야 합니다. 성공하지 못할 경우, 이 국가들은 경제적으로 붕괴할 위험이 큽니다. 그러나 권위주의, 혹은 독재에 기반한 이들 국가의 정부 권력은 자국의 화석 연료 통제에 의존하고 있는 상황입니다. 따라서 이들 국가에서 탈탄소화로의 평화로운 전환이 가능할지 여부는 매우 불확실합니다.

한편 건설, 에너지, 교통 및 농업 부문의 탈탄소화는 전통적인 서구 산업국가나 빠르게 성장하고 있는 중국과 같은 경제 대국에도 결코 쉬운 과제가 아닙니다.

지속 가능한 사회로의 전환은 20세기 유산으로서 오랫동안 전 지구적 미래 정책의 핵심이었던 개발 정책에 큰 영향을 미칩니다. 개발 정책은 오랫동안 세계를 선진 산업국가, 신흥국, 개발도상국으로 구분하면서, 주로 첫 번째 범주인 서구 산업국가의 발전 경로를 하나의 모범으로 삼았습니다. 이는 유럽의 식민주의 및 그에 동반되는 문명적 우월감의 유산이었습니다. 그러나 오늘날 대다수의 지구 시스템 및 기후학자는 서구 산업국가의 발전 경로를 계속 따르고, 이를 '글로벌 사우스', 즉 제3세계로 확장할 경우에 곧 지구적 재앙이 뒤따를 것이라고 합니다. 서구의 물질적 풍요 기준을 단지 다른 지역으로 확장하는 데 골몰하는 미래 개발 정책은 이미 지구적 한계에 부딪쳤습니다. 물론 그렇다고 해서 최빈국들이 가난과 기아에서 탈출할 수 있는 해결책이 없다고 결론 내릴 수는 없습니다.

　2015년 파리 기후 협정에서 함께 채택된 17개의 '지속 가능한 발전 목표Sustainable Development Goals'는 바로 이 문제를 정조준합니다. 여기에는 빈곤과 기아의 퇴치뿐만 아니라 교육, 깨끗한 물, 그리고 성평등에 대한 권리가 명시되어 있습니다. 동시에 경제 성장, 산업화, 혁신, 인프라 확장과 같은 전통적인 경제 개발 목표는 물론이고, 깨끗하고 저렴한 에너지, 지속 가능한 도시, 책임 있는 생산 및 지구 온난화에 대한 효과적인 대처 또한 목표로 포함되었습니다. 이 모든 목표를 동시에 이룰 수 있을지 질문이 떠오르는 것은 당연합니다. 과연 지속 가능한 발전이라는 야심 찬 프로젝트는 유토피아로 남을까요? 아니면 현실적으로 실현 가능한 목표가 될까요?

그림 1(45쪽):   (a) Lüthi et al. 2008, Daten: PANGAEA. Data Publisher for Environmental Science, https://doi.pangaea.de/10.1594/PANGAEA.710936; (b) Jouzel et al. 2007, Daten: PANGAEA. Data Publisher for Environmental Science, https://doi.pangaea.de/10.1594/PANGAEA.683655.

그림 2(48쪽):   (a) Alley, Richard B., 2004: GISP2 Ice Core Temperature and Accumulation Data. IGBP PAGES/World Data Center for Paleoclimatology Data Contribution Series #2004－013. NOAA/NGDC Paleoclimatology Program, Boulder CO, USA, https://www.ncei.noaa.gov/access/metadata/landing-page/bin/iso?id=noaa-icecore-2475; (b) Marcott et al. 2013, https://www.science.org/doi/10.1126/science.1228026.

그림 3(63쪽):   Karte in Anlehnung an graphische und tabellarische Darstellungen bei Fuller et al. 2014 und Larson et al. 2014.

그림 4(80쪽):   (a) Neukom et al. 2019, Daten: https://doi.org/10.6084/m9.figshare.8143094.v3; (b) Christiansen und Ljungqvist 2012, Daten: NOAA, ftp://ftp.ncdc.noaa.gov/pub/data/paleo/contributions_by_author/christiansen2012/christiansen2012.xls.

그림 5(82쪽):   (a) Kobashi et al. 2013, Daten: NOAA, http://www1. ncdc.noaa.gov/pub/data/paleo/contributions_by_ author/kobashi2013b/kobashi2013nh.txt; (b) Sigl et al. 2015, Daten: https://www.nature.com/articles/na-ture14565#MOESM42, Supplementary Data 5.

그림 6(163쪽):   Köhler et al. 2017, Daten: PANGAEA. Data Publisher for Environmental Science, https://doi.org/10.1594/ PANGAEA.871273.

그림 7(170쪽):   Law Dome: Rubino et al. 2019, Daten: NOAA, https:// www.ncei.noaa.gov/access/paleo-search/study/25830; Westantarktischer Eisbohrkern:Ahn et al. 2012, Daten: NOAA, ftp://ftp.ncdc.noaa.gov/pub/data/paleo/icecore/ antarctica/wais2012CO2.xls.

그림 8(173쪽):   *Gapminder und Our World in Data*, gestutzt auf Schätzu-ngen der Vereinten Nationen, der Historical Database of the Global Environment(HYDE) und weitere Autoren, Daten: https://www.gapminder.org/data/documenta-tion/gd003.

그림 9(194쪽):   Morice et al. 2021, Daten: Met Office (Großbritannien), https://www.metoffice.gov.uk/hadobs/hadcrut5.

그림 10(218쪽):   Friedlingstein et al. 2022, Daten: *Our World in Data*, gestützt auf die Daten des Global Carbon Project, https:// ourworldindata.org/grapher/cumulative-CO2-includ-ing-land?tab=table&country=USA~GBR~Europe-an+Union+%2827 %29~CHN~IND.

그림 11(223쪽): Our World in Data, gestützt auf Daten von Smil 2016 (bis 1965) und die von der British Patrol veröffentlichten Statistical Reviews of World Energy, Daten: https://ourworldindata.org/grapher/global-primary-energy.

그림 12(231쪽): Pieter Tans, NOAA/ESRL und Ralph Keeling, Scripps Institution of Oceanography, Daten: https://gml.noaa.gov/ccgg/trends und https://scrippsCO2.ucsd.edu.

_ Buffon, Georges Louis Le Clerc de, *Epochen der Natur*, 2 Bde., St. Petersburg 1781.

_ Callendar, Guy Stewart, The Artificial Production of Carbon Dioxide and its Influence on Temperature, in: *Quarterly Journal of the Royal Meteorological Society* 64, 275 (1938), 223 – 240.

_ Forbes, James David, Report upon the Recent Progress and Present State of Meteorology, in: *Report of the First and Second Meetings of the British Association for the Advancement of Science at York in 1831, and at Oxford in 1832*, London 1835, 196 – 258.

_ Herder, Johann Gottfried, *Ideen zur Philosophie der Geschichte der Menschheit* (Werke III, 1 – 2), München 2002.

_ Johnson, Lyndon B., Special Message to the Congress on Conservation and Restoration of Natural Beauty, February 8, 1965, LBJ Presidential Library, www.lbjlibrary.net/collections/selected-speeches/1965/02-08-1965.html.

_ Mast, Jerald C. (Hrsg.), *Climate Change Politics and Policies in America. Historical and Modern Documents in Context*, 2 Bde., Santa Barbara 2019.

_ Williamson, Hugh, An Attempt to Account for the Change of Climate, Which Has Been Observed in the Middle Colonies in North-America, in: *Transactions of the Philosophical Society 1* (1771), 272 – 280.

_ Ahn, Jinho et al., Atmospheric CO_2 over the Last 1000 Years: A High-Resolution Record from the West Antarctic Ice Sheet (Wais) Divide Ice Core, in: *Global Biogeochemical Cycles 26/2* (2012), GB2027, doi:10. 1029/2011GB004247.

_ Bar-Yosef, Ofer, The Natufian Culture in the Levant: Threshold to the Origins of Agriculture, in: *Evolutionary Anthropology 6* (1998), 159 – 177.

_ Behringer, Wolfgang, *Tambora und das Jahr ohne Sommer. Wie ein Vulkan die Welt in die Krise stürzte*, München 2015.

_ Benson, Larry, Kenneth Petersen und John Stein, Anasazi (Pre-Columbian Native-American) Migrations During the Middle-12th and Late-13th Centuries: Were They Drought-Induced?, in: *Climatic Change 83/1–2* (2006), 187 – 213.

_ Brönnimann, Stefan et al., Last Phase of the Little Ice Age Forced by Volcanic Eruptions, in: *Nature Geoscience 12/8* (2019), 650 – 656.

_ Büntgen, Ulf et al., Cooling and Societal Change during the Late Antique Little Ice Age from 536 to around 660 AD, in: *Nature Geoscience 9* (2016), 231 – 236.

_ Camenisch, Chantal, Endlose Kalte. *Witterungsverlauf und Getreidepreise in den Burgundischen Niederlanden im 15. Jahrhundert*, Basel 2016.

_ Campbell, Bruce M. S., *The Great Transition: Climate, Disease and So-

_ Christiansen, Bo und Fredrik Charpentier Ljungqvist, The Extra-Tropical Northern Hemisphere Temperature in the Last Two Millennia: Reconstructions of Low-Frequency Variability, in: *Climate of the Past 8/2* (2012), 765 – 786.

_ Cunliffe, Barry, *10000 Jahre. Geburt und Geschichte Eurasiens*, Darmstadt 2016.

_ D'Arcy Wood, Gillen, *Vulkanwinter 1816. Die Welt im Schatten des Tambora*, Darmstadt 2015.

_ Di Cosmo, Nicola, Sebastian Wagner und Ulf Büntgen, Climate and Environmental Context of the Mongol Invasion of Syria and Defeat at ʾAyn Jālūt (1258 – 1260 CE), in: *Erdkunde 75/2* (2021), 87 – 104.

_ Diamond, Jared, *Kollaps. Warum Gesellschaften uberleben oder untergehen*, Frankfurt a. M. 2005.

_ Drixler, Fabian, *Mabiki: Infanticide and Population Growth in Eastern Japan, 1660–1950*, Berkeley 2013.

_ Edenhofer, Ottmar und Michael Jakob, *Klimapolitik*, München 2017.

_ Fan, Ka-wai, Climate Change and Chinese History: A Review of Trends, Topics, and Methods, in: *Wiley Interdisciplinary Reviews: Climate Change 6/2* (2015), 225 – 238.

_ Friedlingstein, Pierre et al., Global Carbon Budget 2021, in: *Earth System Science Data 14/4* (2022), 1917 – 2005.

_ Fuller, Dorian Q. et al., Convergent Evolution and Parallelism in Plant Domestication Revealed by an Expanding Archaeological Record, in: *Proceedings of the National Academy of Sciences (USA) 111* (2014), 6147 – 6152.

_ Glahn, Richard von, *The Economic History of China: From Antiquity to the Nineteenth Century*, Cambridge 2016.

_ Grove, Richard, *Green Imperialism: Colonial Expansion, Tropical Island Edens, and the Origins of Environmentalism, 1600–1860*, Cambridge 1995.

_ Harper, Kyle, *Fatum. Das Klima und der Untergang des Römischen Reiches*, München 2020.

_ Hegerl, Gabriele C. et al., The Early 20th-Century Warming: Anomalies, Causes, and Consequences, in: *Wiley Interdisciplinary Reviews: Climate Change 9/4* (2018), e522.

_ Howe, Joshua P., *Behind the Curve: Science and the Politics of Global Warming*, Seattle 2014.

_ Humboldt, Alexander von, *Kosmos. Entwurf einer physischen Weltbeschreibung*, Berlin 2014.

_ International Commission on Stratigraphy, Formal Subdivision of the Holocene Series/Epoch, http://www.stratigraphy.org/index.php/ics-newsand-meetings/125-formal-subdivision-of-the-holocene-series-epoch.

_ Jouzel, Jean et al., Orbital and Millennial Antarctic Climate Variability over the Past 800000 Years, in: *Science 317/5839* (2007), 793-796.

_ Kintisch, Eli, The Lost Norse, in: *Science 354/6313* (2016), 696-701.

_ Kobashi, Takuro et al., Causes of Greenland Temperature Variability over the Past 4000 Years: Implications for Northern Hemispheric Temperature Changes, in: *Climate of the Past 9/5* (2013), 2299-2317.

_ Koch, Alexander et al., Earth System Impacts of the European Arrival and Great Dying in the Americas after 1492, in: *Quaternary Science Reviews 207* (2019), 13 – 36.

_ Köhler, Peter et al., A 156 Kyr Smoothed History of the Atmospheric Greenhouse Gases CO_2, CH_4, and N_2O and their Radiative Forcing, in: *Earth System Science Data 9/1* (2017), 363 – 387.

_ Kohler, Timothy A. et al., *Leaving Mesa Verde: Peril and Change in the Thirteenth-Century Southwest*, Tucson 2010.

_ Larson, Greger et al., Current Perspectives and the Future of Domestication Studies, in: *Proceedings of the National Academy of Sciences (USA) 111* (2014), 6139 – 6146.

_ Lelieveld, Jos et al., Effects of Fossil Fuel and Total Anthropogenic Emission Removal on Public Health and Climate, in: *Proceedings of the National Academy of Sciences USA 116, 15* (2019), 7192 – 7197.

_ Lüthi, Dieter et al., High-Resolution Carbon Dioxide Concentration Record 650000 – 800000 Years before Present, in: *Nature 453/7193* (2008), 379 – 382.

_ Mann, Michael E., Raymond S. Bradley und Malcolm K. Hughes, Northern Hemisphere Temperatures During the Past Millennium: Inferences, Uncertainties, and Limitations, in: *Geophysical Research Letters 26/6* (1999), 759 – 762.

_ Marcott, Shaun A. et al., A Reconstruction of Regional and Global Temperature for the Past 11,300 Years, in: *Science 339/6124* (2013), 1198 – 1201.

_ Mauelshagen, Franz, Migration and Climate in World History, in: *The Palgrave Handbook of Climate History*, London 2018, 413 – 444.

_ Mauelshagen, Franz und Andrés López-Rivera, Klima-Governance in den Amerikas, in: *Krisenklima. Umweltkonflikte aus lateinamerikanischer Perspektive*, hrsg. v. Stefan Peters et al., Baden-Baden 2021,

17 – 47.

_ McCants, Anne E. C., Historical Demography and the Crisis of the Seventeenth Century, in: *The Journal of Interdisciplinary History 40/2* (2009), 195 – 214.

_ McCormick, Michael et al., Climate Change during and after the Roman Empire: Reconstructing the Past from Scientific and Historical Evidence, in: *Journal of Interdisciplinary History 43* (2012), 169 – 220.

_ Morice, Colin P. et al., An Updated Assessment of Near-Surface Temperature Change from 1850: The Hadcrut5 Data Set, in: *Journal of Geophysical Research: Atmospheres 126/3* (2021), e2019JD032 361.

_ Neukom, Raphael et al., Consistent Multidecadal Variability in Global Temperature Reconstructions and Simulations over the Common Era, in: *Nature Geoscience 12* (2019), 643 – 649.

_ Neukom, Raphael et al., No Evidence for Globally Coherent Warm and Cold Periods over the Preindustrial Common Era, in: *Nature 571* (2019), 550 – 554.

_ Oppenheimer, Clive, *Eruptions that Shook the World*, Cambridge 2011.

_ Parzinger, Hermann, *Die Kinder des Prometheus. Eine Geschichte der Menschheit vor der Erfindung der Schrift*, München 2014.

_ Pribyl, Kathleen, Farming, Famine and Plague: *The Impact of Climate in Late Medieval Englad*, Cham 2017.

_ Rahmstorf, Stefan und Hans-Joachim Schellnhuber, *Der Klimawandel. Diagnose, Prognose, Therapie*, München 2012.

_ Revelle, Roger und Hans Suess, Carbon Exchange between Atmosphere and Ocean and the Question of an Increase of Atmospheric CO_2 during the Past Decades, in: *Tellus 9/1* (1957), 18 – 27.

_ Rheinisches Landesmuseum Trier, Museum am Dom Trier und Stadtmuseum Simeonstift Trier (Hg.), *Der Untergang des Römischen Reiches*, Darmstadt 2022.

_ Rockström, Johan und Owen Gaffney, *Breaking Boundaries: The Science of our Planet*, London 2021.

_ Rubino, Mauro et al., Revised Records of Atmospheric Trace Gases CO_2, CH_4, N_2O, and $\Delta^{13}C-CO_2$ over the Last 2000 Years from Law Dome, Antarctica, in: *Earth System Science Data 11* (2019), 473–492.

_ Ruddiman, William F., *Plows, Plagues, and Petroleum: How Humans Took Control of Climate*, Princeton 2005.

_ Ruddiman, William F. et al., The Early Anthropogenic Hypothesis: A Review, in: *Quaternary Science Review 240* (2020), 106386.

_ Sigl, Michael et al., Timing and Climate Forcing of Volcanic Eruptions for the Past 2500 Years, in: *Nature 523/7562* (2015), 543–549.

_ Smil, Vaclav, *Energy Transitions: Global and National Perspectives*, Santa Barbara 2016.

_ Smil, Vaclav, *Grand Transitions: How the Modern World Was Made*, Oxford und New York 2021.

_ Star, Bastiaan et al., Ancient DNA Reveals the Chronology of Walrus Ivory Trade from Norse Greenland, in: *Proceedings of the Royal Society–Biological Sciences 285/1884* (2018), 20180978.

_ Walker, Mike et al., Formal Subdivision of the Holocene Series/Epoch (Discussion Paper), in: *Journal of Quaternary Science 27* (2012), 649–659.

_ Wanner, Heinz, *Klima und Mensch–eine 12000-jährige Geschichte*, Bern 2020.

_ Weart, Spencer R., *The Discovery of Global Warming*, Cambridge 2003.

_ Zilberstein, Anya, *A Temperate Empire: Making Climate Change in Early America*, New York 2016.

_ Zumbuhl, Heinz J. et al., *Die Grindelwaldgletscher. Kunst und Wissenschaft*, Bern 2016.

지명

━━━━━ 개념 ━━━━━

오늘날 기후 변화는 단순한 환경적 차원이 아니라 정치, 경제, 사회, 도덕 등 인류 사회 전반에 걸쳐 깊은 영향을 미치는 시대적 문제 중 하나로 자리 잡았습니다. 국제 사회는 탄소 중립과 지속 가능성을 위한 다양한 노력을 기울이고 있지만, 기후 변화의 원인과 그에 따른 영향은 단기간에 해결할 수 없는 매우 복잡한 문제입니다.

이러한 상황에서 기후 변화의 역사적 맥락을 이해하는 것은 단순히 과거를 탐구하는 것을 넘어 현재와 미래를 전망하는 데 필수적인 작업입니다. 우리가 직면한 기후 위기는 과거의 기후 변화와 어떻게 다를까요? 과거의 인류는 역사적으로 기후 변화에 어떻게 적응해왔으며, 이는 현재의 대응 방식과 어떤 점에서 다를까요? 이러한 질문에 답을 찾기 위해서는 기후 변화를 자연과학적 차원에서만이 아니라 역사적, 사회적 맥락 속에서 바라볼 필요가 있습니다.

독일의 저명한 출판사인 C. H. Beck의 'Wissen' 시리즈에서 출간된 《꿰뚫는 기후의 역사 GESCHICHTE DES KLIMAS》는 바로 이러한 문제의식에서 출발합니다. 한국어로 '지식'을 뜻하는 'Wissen' 시리즈는 역사, 과학, 철학, 정치 등 다양한 분야의 주요 개념과 이론을 비전공자도 이해할 수 있도록 해당 분야의 전문가가 압축적이고 명료한 방식으로 정리한 개론서 시리즈입니다. 이를 통해 일반 독자도 학계에서의 전문적인 논의를 쉽게 접할 수 있도록 만드는 것이 이 시리즈의 기획 의도입니다.《꿰뚫는 기후의 역사》는 이 시리즈 중에서도 특히 현대 사회에서 중요한 주제인 기후 변화의 역사적 맥락을 깊이 있게 탐구하는 책으로, 기후 문제를 학문적이면서도 일반 독자가 이해할 수 있는 방식으로 조명합니다.

《꿰뚫는 기후의 역사》는 단순히 과거의 기후 변화만을 설명하는 책이 아닙니다. 저자는 기후 변화가 어떻게 인간 사회와 상호 작용하며 역사에 영향을 끼쳤는지 보여주며,

현재 우리가 직면한 기후 위기의 기원을 역사 속에서 찾습니다. 책을 읽은 독자라면 산업화 이후 급속히 가속화된 기후 변화가 과거와는 전혀 다른 양상을 보이지만, 그 기저에는 인류가 자연과 맺어온 관계의 연속성이 존재한다는 것을 알 수 있습니다. 이를 이해하는 것이야말로 현재 우리가 당면한 기후 위기에 대한 대응 방안을 마련하는 데 필요한 중요한 단서를 제공합니다.

이 책의 저자인 프란츠 마울스하겐은 독일의 역사학자로, 기후 변화와 환경사가 인류의 역사에 미친 영향을 지속적으로 연구해왔습니다. 《꿰뚫는 기후의 역사》를 통해 저자는 기후 변화가 단순한 환경적 변화가 아니라 정치, 경제, 사회를 총망라하는 문제라는 점을 강조합니다. 기후 변화는 결코 특정 국가나 지역만의 문제가 아니라 전 세계에 영향을 미치는 문제이며, 따라서 해결을 위해서도 국제적인 협력이 필수입니다. 그럼에도 기후 변화에 대한 책임과 대응 방안을 둘러싼 불평등한 구조에 대한 논쟁은 현대 사회에서 지속적으로 이루어지고 있습니다. 저자는 이를 역사적 관점에서 간결하면서도 깊이 있게 다루고 있습니다.

이 책을 번역하면서 가장 어려웠던 부분 중 하나는 학

문적 개념과 역사적 사건을 균형 있게 전달하는 것이었습니다. 독일어 원문은 비교적 압축적이고 간결한 문장 구조로 쓰였지만, 이를 한국어로 그대로 옮길 경우 의미가 충분히 전달되지 않는 경우도 있었습니다. 따라서 원문의 논지를 최대한 유지하면서도 한국의 독자들이 쉽게 이해할 수 있도록 표현하는 데 많은 고민을 기울였습니다.

끝으로, 이 책이 기후 변화가 단순히 과학적 해결책만으로 극복될 수 없는 문제이며, 국제적인 차원에서의 정치적, 사회적, 경제적 협력과 결단이 필요한 문제라는 것을 인식하는 데 도움이 된다면, 역자로서 큰 보람을 느낄 것입니다.

김태수,
파리의 독일역사연구소에서

지은이

프란츠 마울스하겐
Franz
Mauelshagen

국제적으로 명망 높은 독일의 기후역사학자. 환경사 및 기후사 연구자로서 기후 변화가 인류 문명과 역사에 미친 영향을 탐구하는 데 주력해온 역사학자이다. 스위스 취리히대학교에서 역사학 박사학위를 취득했으며, 취리히, 베른, 에센, 빌레펠트, 뮌헨 등 독일과 스위스의 여러 대학 및 연구기관에서 활동했다. 현재는 독일 빌레펠트 대학에서 학생들을 가르치고 있다. 또한 기후 변화가 단순히 자연과학의 영역에 국한된 문제가 아니라 정치, 경제, 사회, 문화적 요소와 얽혀 인류의 역사적 전개에 중요한 역할을 해왔음을 강조하는 연구를 하고 있다. 지은 책으로는 《근대 기후사 1500~1900》,《자연재해: 고대에서 20세기에 이르기까지 자연재해의 해석, 인식, 서술에 관한 연구》(공저) 등이 있다.

옮긴이

김태수

고려대학교 사학과를 졸업하고, 독일 괴팅겐대학교에서 독일 근대사로 석사학위를, 1920년대 독일·프랑스의 정치문화사로 박사학위를 받았다. 현재 파리에 있는 독일역사연구소에서 박사 후 과정 장학금을 받으며 연구에 전념하고 있다. 역사를 통해 오늘날의 세계를 더 깊이 이해하도록 돕는 유튜브 채널 '함께하는 세계사'를 운영하고 있다. 지은 책으로는《질문으로 시작하는 세계사 수업》등이 있다.

꿰뚫는 기후의 역사

초판 1쇄 인쇄 2025년 5월 16일
초판 1쇄 발행 2025년 5월 23일

지은이 프란츠 마울스하겐
옮긴이 김태수
발행인 이윤희
디자인 [★] 규, pica(
인쇄·제본 357 제작소
발행처 빅퀘스천
출판등록 제2024-000193호
주소 서울특별시 마포구 월드컵북로 400, 5층 11호
전화 02-6956-4929
팩스 02-6919-1379

ISBN 979-11-989761-1-6 03900